Hen Englynion:
diweddariadau

Hen Englynion

Diweddariadau gan Gwyn Thomas

Cyhoeddiadau Barddas

Delwedd y clawr: Llyfr Coch Hergest, MSⅢ, Ffolio 260r © Jesus College, Oxford

ⓑ Gwyn Thomas/Cyhoeddiadau Barddas ©

Argraffiad cyntaf 2015

ISBN 978-190-6396-74-9

Cyhoeddwyd gyda chymorth ariannol Cyngor Llyfrau Cymru.

Cyhoeddwyd gan Gyhoeddiadau Barddas.

Argraffwyd gan Wasg Dinefwr, Llandybïe.

CYNNWYS

Rhagair 9
Rhagymadrodd 11
Byrfoddau 28

Canu Crefyddol
Naw Englyn y Juvencus 29
Cyntaf Gair 30
Cyntefin Ceinaf Amser 32
Cyngogion. Elaeth a'u Cant 33
Elaeth a Gant 34
Dryll o Ddadl y Corff a'r Enaid 36
Cysul Addaon 1 36
Cysul Addaon 2 37
Penyd Llywelyn a Gwrnerth I a II 39
Mab Mair 43
Ymddiddan Arthur a'r Eryr 44

Canu Natur a Gwirebau
Llym Awel 50
Eira Mynydd 54
Bidiau 1 59
Bidiau 2 61
'Gnodiau' 63
Calan Gaeaf 65
Calan Gaeaf a'r Misoedd 67
Baglawg Byddin 70
Gorwynion 71
'Englynion y Misoedd' 76
Englynion y 'Clywaid' 79

Englynion sydd â Chysylltiad â Chwedlau

Tri Englyn y Juvencus 88
Englynion y Beddau 88
Dinas Maon 100
Geraint fab Erbin 101
Ysgolan 104
Gwallog a'r Ŵydd 105
Ymddiddan rhwng Gwyddno Garanhir a Gwyn ap Nudd 106
Ymddiddan Ugnach a Thaliesin 109
Boddi Maes Gwyddno 111

Canu Llywarch Hen

Gwên ap Llywarch a'i Dad 113
Marwnad Gwên 115
Pyll 117
Llywarch a Maen 119
Beddau (neu Amryfal Englynion am Feibion Llywarch) 120
Enwau Meibion Llywarch 121
Gwahodd Llywarch i Lanfawr (neu Lanfor) 123
Cân yr Henwr 125
Claf Abercuawg 127

Canu Urien

Unhwch 132
Pen Urien 133
Celain Urien 134
Anoeth 135
Efrddyl (neu Efyrddyl) 136
Rhun (neu Marwnad Rhun) 136
Anaf (neu Englyn Crwydr) 137
Dwy Blaid 137
Elno (neu Elgno) 138
Diffaith Aelwyd Rheged 139

Canu Heledd

Cynddylan 141
Stafell Gynddylan 143
Eryr Eli 145
Eryr Penwgern 146
Eglwysau Basa 146
Y Dref Wen 147
Ffreuer 148
Bugeiles Lom (*neu* Hel Gwartheg) 149
Afonydd 149
Newid Byd 150
Gorwynion 150
Gyrthmwl 151
Ercal 151
Heledd (*neu* Heledd Hwyedig) 151
Gorsedd Orwynion 151
Dinlleu Frecon 152
Heledd (*neu* Brodyr Heledd) 152
Hedyn 153
Caranfael 153
Heledd a'i Brawd Claf 154
Beddau Maes Maoddyn (*neu* Beddau) 155
Trenn 155
Chwiorydd Heledd 156
Cynddylan a Chynwraith 156
Maes Cogwy 156
Llemenig 157

Englynion Cadwallon

Englynion Cadwallon 158

RHAGAIR

Yn 1970 fe olygais i gyfrol o ddiweddariadau o hen farddoniaeth Gymraeg, dan y teitl *Yr Aelwyd Hon.* Yn ddiweddar fe drois i'n ôl at hen englynion Cymraeg, gan gofio mynd trwy eu testunau gwreiddiol gyda'r Athro J. E. Caerwyn Williams a Mr Brinley Rees lawer blwyddyn yn ôl. Ac mi ddechreuais feddwl, unwaith eto, ei bod hi'n bechod ei bod hi'n haws i ddarllenwr Cymraeg gael gafael ar fersiynau dealladwy o'r hen ganu hwn yn Saesneg nag yn Gymraeg. Ac am yr ail waith mi benderfynais geisio cyflwyno cyfran o'n hen ganu ni fel cenedl yn Gymraeg. Canlyniad yr ymgais honno ydi'r llyfr hwn.

Gwyn Thomas

RHAGYMADRODD

Y mae'r hen englynion sydd wedi eu diweddaru yn y llyfr hwn i'w cael mewn dwy brif lawysgrif, sef Llyfr Du Caerfyrddin (tua 1250 = DU) a Llyfr Coch Hergest (rhwng 1382 a thua 1405 = COCH), gyda rhai englynion mewn ambell lawysgrif ddiweddarach. Yn y llawysgrifau y mae'r englynion yn ymddangos fel casgliadau amrywiol gyda cherddi eraill. Golygyddion diweddar a fu wrthi'n didol englynion a rhoi penawdau gweddol fanwl iddynt. Yr oedd yn amlwg fod yn yr englynion farddoniaeth a gysylltid yn bennaf â Llywarch Hen. Cyhoeddodd William Owen [Pughe] *The Heroic Elegies and Other Pieces of Llywarch Hen* (1792), gan dybio mai Llywarch oedd awdur yr englynion lle'r ymddengys. Yna cyhoeddwyd testun tebyg i un William Owen [Pughe] yn *The Myvyrian Archaiology of Wales* (1801–7). Yn 1868 cyhoeddodd W. F. Skene *The Four Ancient Books of Wales*. Dyw'r testunau hyn na'r cyfieithiadau a gynigid ddim yn rhai y gellir, bellach, eu galw yn foddhaol, am y rheswm syml fod astudio llawysgrifau, eu hiaith, a'u cyd-destun wedi cymryd camre breision ymlaen.

O ran testunau o'r hen ganu hwn, fe gyhoeddwyd trawsysgrifeniad manwl-gywrain J. Gwenogvryn Evans o Lyfr Du Caerfyrddin yn 1906 a barddoniaeth Llyfr Coch Hergest yn 1911. Y mae'r ddau lyfr hyn yn rhai sylfaenol eu gwerth o hyd. Cyhoeddwyd golygiad A. O. H. Jarman o'r Llyfr Du yn 1982 [= AOHJ].

Yr arwr mawr yn hanes sefydlu testun a'i ddehongli, cyn belled ag y mae Llywarch Hen a llawer iawn o englynion eraill yn y cwestiwn, ydi Ifor Williams. Cyhoeddwyd ei argraffiad cyntaf ef o *Canu Llywarch Hen* yn 1935 [= IW], ac y mae'n dal yn safonol, er bod cryn dipyn o waith ychwanegol wedi ei wneud yn y cyfamser. Yn y llyfr hwn dangosodd nad Llywarch oedd awdur yr englynion lle sonnid amdano, ond mai cymeriad mewn chwedl ydoedd, a bod yna chwedlau eraill hefyd yn yr hen destunau, megis chwedl Heledd a chwedlau am Urien, ac eraill. Ei honiad o, ac awgrym rhai eraill, oedd mai gweddillion chwedlau oedd yr englynion a bod y rhyddiaith wedi mynd i ebargofiant. Yn y man dilynwyd Ifor Williams gan arwres o'r enw Jenny Rowland, a gyhoeddodd ei llyfr gorchestol, *Early Welsh Saga Poetry*, yn 1990 [= JR]. Mireiniwyd gwaith Ifor Williams ganddi hi, ac ychwanegodd yn sylweddol at ddealltwriaeth pawb o'r hen englynion chwedlonol.

O ran testunau eraill o amryfal englynion rhaid nodi'r canlynol: Kenneth H. Jackson, *Early Welsh Gnomic Poems*, 1935 [= KHJ]] a'i *Studies in Early Celtic Nature Poetry*, 1935; Thomas Jones, *The Black Book of Carmarthen 'Stanzas of the Graves'*, 1967 [= TJ]; Nicolas Jacobs, *Early Welsh Gnomic and Nature Poetry*, 2012 [= NJ]]; a Marged Haycock, *Blodeugerdd Barddas o Ganu Crefyddol Cynnar*, 1994 [= MH] – dyma arwres arall, ac y mae ei fersiynau hi o'r cerddi yn ei llyfr yn rhai Cymraeg. Y mae rhai o'r golygyddion hyn, megis Nicolas Jacobs, yn defnyddio'r gyfran o'r testun sy'n briodol i'w bwriadau: canu natur a gwireb, ac nid canu chwedlonol, ydi pwnc Jacobs, er enghraifft. Gall unrhyw un sydd am ddarllen yr astudiaethau ychwanegol a gyhoeddwyd ar wahanol agweddau ar yr hen ganu sydd dan sylw droi at y prif lyfrau hyn. Dylid nodi un gyfrol tra pherthnasol arall, sef golygiad Rachel Bromwich ac R. Brinley Jones o *Astudiaethau ar yr Hengerdd* (1978): y mae dau gyfraniad i'r gyfrol hon yn berthnasol i'r llyfr hwn, sef testun ac erthygl R. Geraint Gruffydd, 'Canu Cadwallon ap Cadfan' [= AH-RGG], a thestun ac erthygl Brynley F. Roberts, 'Rhai o Gerddi Ymddiddan Llyfr Du Caerfyrddin' [= AH-BFR]. Y mae rhan *Geiriadur Prifysgol Cymru* yn allweddol o werthfawr i unrhyw un sydd am astudio'r hen englynion hyn yn eu ffurf wreiddiol. Bydd fy nyled i'r holl ysgolheigion a enwyd yn amlwg; y mae fy niolch iddynt yn gymaint â'm dyled.

Yn y llyfr hwn fe nodir 'prif' ffynhonnell y testun, a lle y gellir cael gafael ar fersiwn ohono wedi ei olygu gan yr ysgolheigion a nodwyd. Wrth ddiweddaru'r englynion yr wyf wedi nodi lle i'w cael yn y golygiadau uchod, ac wedi nodi amryw awgrymiadau a geir yn y golygiadau hynny. Yn y diweddariadau y mae bachau petryal am eiriau'n golygu eu bod wedi eu hychwanegu at y testun, ac y mae unrhyw beth mewn print italig yn golygu ansicrwydd o ryw fath am y testun. Fe geisiwyd diweddaru'r testun gan ddefnyddio geiriau o'r gwreiddiol os oedd yn bosib, ac fe geisiwyd rhoi argraff o harmonïau'r testunau. Yr un peth, yn anad dim, y ceisiwyd ei wneud oedd sicrhau fod yna rythm yn y llinellau; am hynny ceir yma enghreifftiau o beidio â sillgolli. Y mae *d.* mewn bachau petryal yn golygu newid geiriau yn y testun.

CANU CREFYDDOL

Yn ogystal â'r englynion crefyddol ar eu hyd, fe geir llinellau o ystyriaethau crefyddol a moesol yn y canu gwirebol a'r canu natur, er enghraifft, yn y 'Bidiau' ceir:

> Llawenydd dyn, Duw a'i mawl
> [Mae Duw'n clodfori llawenydd dyn].

Yn y gyfres 'Gnawd Gwynt' ceir:

> Gnawd aelwyd ddiffydd yn ddiffaith
> [Arferol yw i aelwyd ddi-ffydd fod yn ddiffaith / ddrwg].

Ac yn y gyfres 'Calan Gaeaf a'r Misoedd', ceir:
> Gwae a gawdd Duw ac nis cred
> [Gwae'r sawl sy'n digio Duw, heb gredu ynddo].

Ceir ambell linell ystrydebol o ymbil crefyddol yn englynion y chwedlau. Yn 'Stafell Gynddylan' ceir y llinell:

> Y mawr drugarog Dduw, pa wnaf?
> [Y Duw mawr ei drugaredd, beth a wnaf?].

CANU GWIREBOL

'Gwireb' yw sylw sy'n cynnwys gwirionedd cyffredinol amlwg a chryno, gan amlaf, am bobol, ac am y byd a'i bethau. Er enghraifft:

Pobol:

>Hwyr hen, hawdd ei orddiwes
>[Yn araf deg y mae'r hen yn symud a hawdd i rywun iau fynd heibio iddo].

>Trydydd troed i hen ei ffon;

y mae'r llinell hon wedi datblygu'n ddihareb sydd i'w chlywed ar lafar – mewn rhai mannau – o hyd.

Y mae amryw o'r hen sylwadau hyn am bobol yn ddibynnol ar agwedd neu farn ac, yn aml, y maent yn sylwadau craff:

>Ys odidog wyneb cu o gâr
>Gyda mynych athreiddu
>[Peth prin yw wyneb clên gan gyfaill wrth i rywun ymweld ag o yn rhy aml].

Y mae yna adnod yn llyfr y Diarhebion (25.17) sydd yn dweud peth tebyg: 'Cadw dy droed allan o dŷ dy gymydog: rhag iddo flino arnat, a'th gasáu.' Nid damweiniol ydi'r tebygrwydd hwn: y mae adleisiau eraill o lyfr y Diarhebion a doethineb feiblaidd – a doethineb glasurol, i ryw raddau – yn yr hen englynion hyn. Y mae osgo foesegol mewn rhai o'r sylwadau a wneir, er enghraifft: 'Ni ddaw da o drachysgu [= cysgu gormod]', sydd yn gondemniad ar ddiogi.

Fe geir y sylw crafog hwn mewn un englyn:

>Bei traethai dafawd a wypai geudawd
> Ni byddai gymydawg neb rai
>[Pe traethai tafod yr hyn a ŵyr y galon,
> Ni fyddai neb yn gymdogion].

Mewn llyfr o ddyfyniadau fe welais dadogi syniad tebyg iawn i hwn ar Blaise Pascal (*Pensées = Myfyrion*). Dyma ei sylw: 'Rwy'n nodi hyn fel ffaith: pe bai pob dyn yn gwybod yr hyn y mae eraill yn ei ddweud amdanynt, na fyddai yna ddim pedwar cyfaill yn y byd'. Ond rhaid imi gyfaddef, o fwrw golwg sydyn ar y *Myfyrion*, na threwais i ar y sylw hwn. Wedyn dyna'r sylw cyrhaeddgar a geir yn un o englynion y 'Gorwynion':

Rhag newyn nid oes wyledd
[Rhag newyn nid oes 'na wyleidd-dra].

Ceir sylw nid annhebyg, sef 'Porthiant i ddechrau, yna moesau' (*'Erst kommt das Fressen, dann kommt die Moral'*) gan Bertolt Brecht yn ei Opera Dair Ceiniog. Y mae nifer o sylwadau doeth rhai o'n henglynion cynnar yn cymharu'n deg ag ambell sylw a wnaed gan rai sydd wedi eu cydnabod fel awduron o fri. Hynny ydi, nid doethineb cwt ieir a geir yn yr englynion hyn.

Gwelir fod ambell linell i'w chael mewn mwy nag un cyd-destun. Dengys *Diarhebion Llyfr Coch Hergest* (gol. Richard Glyn Roberts) fod rhai llinellau'n sefyll ar eu traed eu hunain fel diarhebion. Beth a ddigwyddodd? A godwyd ambell linell o'r canu a'i throi'n ddihareb (y peth mwyaf tebygol, efallai); neu a luniwyd rhai penillion gan ddefnyddio diarhebion; neu a oes yna gymysgedd o'r ddau ddewis?

Y Byd a'i Bethau:

Purddu brân, buan iyrchwyn
[Y mae brân yn ddu iawn a iwrch yn symudwr cyflym].

Bid goch crib ceiliog
[Y mae crib ceiliog yn goch].

Bid grafangawg iâr;
[Y mae gan iâr grafangau].

Y mae'r ffeithiau syndod o amlwg hyn yn wir bob amser, ond yr oedden nhw, yn y dechrau, a chyn iddynt fynd yn ailadrodd, yn ganlyniadau i sylwi ar y byd a'i bethau. Doedd pob bardd ddim yn cymryd y gwirebau hyn yn or-ddifrifol, ac fe gawn ambell sylw fel:

> Cynefin brân â chanu
> [Y mae brân yn gyfarwydd iawn â chanu]!

CANU NATUR

Y mae llawer iawn o ddisgrifiadau o fyd natur yn yr hen englynion hyn. Gwelsom yn barod fod yna wirebau am fyd natur, sef sylwadau sydd yn gywir bob amser. Ar rai achlysuron yn unig y mae disgrifiad o fyd natur yn briodol. Felly fe gawn ni ddisgrifiadau o fyd natur yn y gaeaf, er enghraifft:

> Odid eiry o du rhiw
> [Y mae hi'n bwrw eira ar ochor yr allt].

Y mae hyn yn wir yn achlysurol, ac felly yn ddisgrifiad. Dyma ddwy enghraifft arall:

> Gorwyn blaen afall
> [Y mae brig pren afalau'n hyfryd],

ond hyfryd ar adeg arbennig ydi o, felly disgrifiad sydd gennym ni yma.

> Glaw allan, gwlychid rhedyn
> [Glaw allan, y mae'n gwlychu'r rhedyn]:

dydi hi ddim yn bwrw glaw bob amser, felly dyna inni ddisgrifiad arall.

Y mae'r canu hwn, fel canu natur cynnar Iwerddon, yn dangos agosrwydd pobol at fyd natur, a'i anifeiliaid a'i blanhigion.

ENGLYNION SYDD Â CHYSYLLTIAD Â CHWEDLAU

Llywarch Hen

Ymddengys fod Llywarch yn ddyn go-iawn a oedd yn byw yn y chweched ganrif a hynny yn yr hyn a elwir yn Hen Ogledd, sef gogledd y Lloegr bresennol a de'r Alban bresennol. Ond, yn yr englynion amdano, y mae'n gymeriad mewn chwedl sydd wedi ei lleoli'n bennaf yn yr hen Bowys. Y mae cyflwr Llywarch – a Heledd, hefyd – fe honnir, yn adlewyrchu sefyllfa hanesyddol drist yn y cyfnod hir o ryfela a fu rhwng Cymry Powys a'r gelyn o Mersia, dros y ffin. Diffeithiwyd y deyrnas Gymreig gan y gelyn hwnnw yn y nawfed ganrif, diffeithio a olygai gwymp Powys.

Does dim chwedl am Lywarch wedi goroesi; Ifor Williams ddar'u gynnig fod gwahanol gyfresi sy'n cael eu cysylltu â Llywarch yn edrych fel darnau o stori fwy cyflawn. Ymddiddanion, neu ymsonau oedd y prif gyfresi o englynion, a rhannau o chwedl neu chwedlau oeddynt, rhannau efo'r darnau rhyddiaith a oedd unwaith yn eu cysylltu wedi mynd ar goll. Y mae'r esboniad hwn yn un argyhoeddiadol o hyd: yn sicr, y mae'r darnau sydd gennym yn awgrymu fod yna ryw gyfanwaith mwy a oedd yn wybyddus i gynulleidfa'r cyfnod lle'r oedd yr englynion yn cymryd eu lle.

Urien Rheged

Cynigiodd Ifor Williams fod y gyfres o englynion y rhoes iddi'r teitl 'Urien Rheged' yn rhan o chwedl Llywarch Hen, a bod yr hen ŵr yn cyfeirio at gyfnod cynharach yn ei hanes pan oedd o yn yr Hen Ogledd, ac mewn rhyw gysylltiad ag Urien Rheged. Gwell gan Jenny Rowland roi ei adran ei hun i'r canu 'gogleddol' hwn, ac y mae hynny'n rhesymol.

Heledd

Yr englynion a gysylltir â Heledd yw'r rhai eraill pwysicaf cyn belled ag y mae chwedlau yn y cwestiwn. Yma, eto, y mae yna englynion sydd yn awgrymu cyfanwaith mwy yn y cefndir. Yn y traddodiad Cymraeg yr oedd Heledd yn aelod o deulu brenhinol Cyndrwyn ym Mhowys, ac yn yr englynion a leferir ganddi y mae'n cyfeirio at y teulu hwnnw ac amryw o'i brodyr a'i chwiorydd. Cyfeiria, hefyd, at Bowys a'i brif lys yn y Pengwern, sef rhywle yng nghyffiniau'r Amwythig bresennol. Diffeithdra a cholledion a wêl Heledd o'i chwmpas yn nheyrnas ei theulu, a galarus yw ei chân. Fel y nodwyd uchod, y mae tôn y cyfan yn gweddu i adeg enbyd yn hanes Powys, adeg o ddioddef goruchafiaeth Mersia.

Chwedlau Eraill
Canu Llywarch, Canu Urien, Canu Heledd – dyna'r tri phrif gylch o englynion chwedlau. Ond y mae englynion eraill hefyd sy'n amlwg yn perthyn i chwedlau megis, er enghraifft, yr englynion am Geraint fab Erbin, a'r rhai am Ysgolan.

Dosbarthu
Yr hyn a wnaed uchod ydi dosbarthu elfennau o'r canu englynol, ond yn y canu ei hun fe geir yr elfennau ynghyd neu, a rhoi'r peth mewn ffordd arall, ar draws ei gilydd. Ar dro, fe geir llinellau o ymddiddan – a all awgrymu cymeriadau mewn chwedl – mewn cyfres o englynion gwirebol neu englynion natur. Hyn a barodd i Ifor Williams ddethol llinellau o gyfres 'Eiry mynydd' a'u galw'n rhan o chwedl Llywarch (Rhif VII: 'Llywarch a Mechydd') yn ei olygiad o'r chwedl. Yn y llyfr hwn, rhoddir y prif gyfresi'n gyflawn, a rhoddir y rhannau sy'n cynnwys elfennau chwedlonol yn yr adran ar Ganu Chwedlonol hefyd.

DEDWYDD A DIRIAID
Dyma ddau air na ddiweddarwyd mohonyn nhw yn y llyfr hwn, am nad oes gennym ni, bellach, eiriau sydd yn cyfleu eu hystyron yn briodol. Fe allem ni ddweud mai un 'ffodus' neu 'lwcus' ydi'r 'dedwydd', ac mai'r un 'anffodus' neu 'anlwcus' ydi'r 'diriaid'. 'Diriaid' ydi'r gair a roes inni 'direidus', ond gair sydd wedi colli'r grym a oedd ganddo mewn Cymraeg Canol ydi

hwnnw erbyn heddiw. Ond y mae mwy iddi na mater o anelu at gyfystyron. Y mae'n amlwg fod yn y ddau air hyn syniad braidd yn frawychus am fodolaeth, sef bod pawb wedi ei dynghedu, neu ei ragordeinio, i gael math arbennig o fywyd, un dedwydd neu un annedwydd iawn. Os ydi dyn wedi ei eni'n 'ddedwydd', 'waeth beth a wnaiff o, mi fydd popeth yn dda; os ydi dyn wedi ei eni'n 'ddiriaid', yna 'waeth beth a wnaiff o, 'fydd dim byd yn iawn. Y mae amryw gyfeiriadau at y syniad hwn yn yr englynion, ac yn chwedl Llywarch Hen, er enghraifft, y mae'r hen ŵr trallodus yn teimlo ei fod wedi ei eni'n 'ddiriaid'. Fe ellid dadlau na ddisgwylid credo fel hyn mewn englynion ac ynddyn nhw gymaint o linellau Cristnogol ond, yn ymarferol, y mae cymysgu credoau ac ofergoelion fel hyn yn ddigon cyffredin.

YR 'ENGLYNION'
Erbyn hyn yr ydym yn disgwyl i linellau englyn gael eu cynganeddu; nid felly'r oedd hi ers talwm. Datblygu'n raddol a wnaeth y gynghanedd nes i feirdd roi trefn arni. Yn yr hen englynion sydd wedi eu diweddaru yma, eu ffurfiau oedd yn diffinio'r mesur ond, sylwer, er bod yna gysondeb yn nifer sillafau'r mesurau, doedd yna ddim cysactrwydd deddfol: y mae eithriadau i'r niferoedd sillafau a nodir isod. Doedd yna, ychwaith, ddim cysactrwydd deddfol ynghylch yr odlau ar ddiwedd llinellau; y mae eithriadau i'r patrymau odlau a nodir isod. (Gweler trafodaeth fer ar odlau islaw.)

Englyn Milwr
Gelwir yr englyn milwr, yr englyn penfyr, a'r englyn byr crwca yn 'englynion o'r hen ganiad'.

Yn yr englyn milwr ceir tair llinell gyda saith sillaf ymhob un, a diwedd y tair yn odli – gydag eithriadau. Dyma enghraifft, gyda'r orgraff wedi ei diweddaru:

> Calangaeaf, crwm blaen gwrysg;
> Gnawd o ben diriaid derfysg;
> Lle ni bo dawn, ni bydd dysg.

[Calan gaeaf, crwm yw blaen y tyfiant:
Arferol o ben y diriaid ydyw terfysg;
Lle ni fo dawn, ni fydd dysg.]

Englyn Penfyr

Yn yr englyn hwn ceir eto dair llinell, a'r sillafau fel a ganlyn: 10, 6, 7. O ran sillafau, ac o ran odlau, y mae hwn yr un fath â'r englyn unodl union, heb y llinell olaf – gydag eithriadau. Dyma enghraifft:

Gnawd o fastardaeth grynwriaeth ar wŷr,
A gwragedd drwg meddfaeth,
A chyni ar ŵyr a gorwyr waethwaeth.

[Arferol, o fastardaeth, yw fod gwŷr yn ddi-foes,
A gwragedd yn ddrwg o'u magu ar fedd,
A chyni ar ŵyr a gorwyr yn waeth-waeth.]

Englyn Byr Crwca

Yn yr englyn hwn ceir tair llinell, a'r sillafau fel a ganlyn: 7, 10, 6. Dyma enghraifft:

Ton tra thon, töid tu tir,
Goruchel gwaeddau rhag bron bannau bre;
Braidd allan orsefir.

[Ton ar don yn toi tu'r tir;
Goruchel gwaeddau ger bron uchelfannau bryn;
O'r braidd, allan, y sefir.]

Gwelir yma fod y llinell gyntaf a'r drydedd yn odli.

Englyn Gwastad

Y pedwerydd math o englyn a geir yn yr hen ganiadau hyn yw'r englyn gwastad. Yr oedd iddo bedair llinell o saith sillaf yr un, gyda diwedd pob llinell yn odli – gydag eithriadau. Dyma enghraifft:

Cyntefin, ceinaf amser:
Dyar adar, glas calledd,
Ereidyr yn rhych, ŷch yngwedd, [Deusill ydi 'ereidr']
Gwyrdd môr, brithotor tiredd.

[Dechrau haf, y ceinaf amser,
Persain ydyw'r adar, glas ydyw'r gwlydd,
Mae erydr mewn rhychau, yr ych dan yr iau,
Gwyrdd ydyw'r môr, y tir sy'n llawn lliwiau.]

NODWEDDION MYDRYDDOL

Odlau

Yr odl fwyaf cyffredin yw'r un yr ydym yn fwyaf cyfarwydd â hi, sef un lle y mae sillaf olaf dau air yn diweddu gyda'r un sain: af**on** – llwydi**on**; h**ir** – gw**ir**; t**on** – cal**on**; ang**en** – Uri**en**. Yr egwyddor yw fod y gytsain ar y diwedd yn aros yr un fath a bod y llafariad / llafariaid o'i blaen yn newid. Fe geir, hefyd, odlau lle na cheir ond llafariaid sydd yr un fath ar ddiwedd geiriau: pl**a** – tr**a**; ll**o** – br**o**; ll**e** – gw**e**.

Fe geir Odlau Mewnol, sef odlau o fewn llinellau unigol, yn weddol aml yn yr hen ganu hwn:

Aradr yn rh**ych**, **ych** yng ngwaith
[Mae arad' mewn rhych, ac ych wrth ei waith];

Pan las fy mab **Pyll**, oedd te**fyll** briw
[Pan laddwyd fy mab i, Pyll, yr oedd ysgyrion briw].

Proest

Fe geir cyfatebiaeth a elwir yn broest pan fo'r gytsain ar ddiwedd geiriau yr un fath a'r llafariad / llafariaid o'i blaen yn newid: d**yn** t**ôn**; gw**in** c**ân**. Fe geir ambell enghraifft o broest yn yr hen ganu hwn.

Odl Wyddelig

Ifor Williams a ddyfeisiodd y term hwn. Fe geir cyfatebiaeth pan fo'r gytsain ar ddiwedd gair yn newid, a'r llafariad / llafariaid o'i blaen yr un fath: **aer** – m**ael**; Brychein**awg** – pri**awd** – p**awb**; ams**er** – call**edd**; cyst**udd** – d**ur**.

Ailadrodd

Fe welir mai un o brif nodweddion y canu ydi'r ailadrodd sydd ynddo. Yn hyn o beth dydi o ddim yn annhebyg i'n hen benillion. Y mae ailadrodd yn gymorth mawr i gofio, ac yn gymorth i gyfansoddi ar yr un patrwm – a diau fod cryn dipyn o hyn yn y canu. Fe all ailadrodd farweiddio barddoniaeth neu ei chyfoethogi: yn yr englynion hyn, bron yn ddieithriad, cyfoethogi'r teimlad a wna'r ailadrodd nad ydi o ddim yn or-fformiwläig. Y mae'n debyg mai'r ailadrodd enwocaf yn y Gymraeg ydyw ailadrodd llinell gyntaf y gyfres o englynion am 'Stafell Gynddylan':

> Stafell Gynddylan, ys tywyll heno ...

Cyseinedd a Chyffyrddiadau Cynganeddol

Gyda'r ailadrodd, y mae'r enghreifftiau aml o gyseinedd – sef yr arfer o ddechrau geiriau â'r un synau – ynghyd â'r cyffyrddiadau cynganeddol sydd yn y canu hefyd yn cynyddu ei bwysau teimladol ac o gymorth i'w gofio. Dyma ambell enghraifft:

> **P**wyllais i **p**an **l**as E**l**gno
> [Parwyd i mi fyfyrio pan laddwyd Elno];

> **B**e**r**wid **b**rad anfad ober
> [Cynllwynio brad sy'n weithred anfad];

> E**dl**id a'**m d**aw am**d**anat
> [Hiraeth a ddaw imi amdanat].

Dyma inni enghreifftiau o gynghanedd neu led-gynghanedd:

Wyf cefngr*wm*, wyf **trwm**, wyf **tr**uan
[Rwyf yn gefngrwm, yn drwm, yn druan];

Baglan br*en*, **g**ang*en* **g**aled
[Ffon fagal bren, cangen gadarn];

Pen gwŷr, **pan g**win a ddyly
[Y gorau o wŷr, llestr gwin a haeddai].

Gwrthgyferbynnu

Fel yn ein canu cynharaf, y mae gwrthgyferbyniadau i'w cael yn y canu hwn, gyda rhai enghreifftiau trawiadol. Dyma rai a nodir gan Ifor Williams:

Hi hen: eleni y'i ganed (am ddeilen yn yr hydref)
[Mae hi'n hen – eleni y'i ganed];

Hi gyfa: difa ei gwŷr (Gyrthmwl)
[Hi yn gyfan, a'i gwŷr wedi eu difa];

Hir hwyl haul: hwy fy nghofion (Heledd)
[Hir ydyw hynt yr haul: hwy ydyw fy nghofion].

Amwysedd

Ceir ambell enghraifft o amwysedd yn y canu. Efallai mai'r enghraifft fwyaf nodedig ydi'r un a geir mewn sgwrs rhwng Llywarch a'i fab Maen:

Nid ofer gnif im hogif Maen:

sef, nid gwaith ofer yw imi 'hogi' Maen.

Pen a borthaf a'm porthes:

y pen hwn yr ydw i yn ei 'borthi' (cario) a'm 'porthodd' (a wnaeth fy mhorthi, sef fy helpu, a hefyd 'bwydo').

Cymeriad

Y mae mwy nag un math o gymeriad: cymeriad llythrennol, lle ceir ailadrodd yr un llafariad neu ailadrodd llafariaid, neu ailadrodd cytsain mewn llinellau sy'n nesaf at ei gilydd; cymeriad geiriol, lle ceir ailadrodd yr un gair neu ffurfiau arno. Dydi amlder yr enghreifftiau o gymeriad llythrennol ddim yn gyfryw fel y gellid ei ddisgrifio fel elfen nodweddiadol o'r canu englynol, ond dyma rai enghreifftiau:

Lluest Cadwallon ar gaint
Lloegyr ar dres armes ednaint
[Roedd gwersyll Cadwallon ar Gaint
Lloegyr mewn helynt, yn [ôl] darogan yr adar];

Namyn tristyd a phryder:
Nid adwna Duw ar a wnêl
[Dim ond tristwch a phryder:
Nid yw Duw yn dadwneud yr hyn a wna/wnêl].

Dyma inni enghreifftiau o gymeriad geiriol, lle y cawn fwy nag un englyn yn dechrau gyda'r un geiriau. Y mae'r cymeriad hwn yn frith trwy'r canu:

Piau y bedd hwn? Bedd Brwyno Hir
[Pwy biau y bedd hwn? Bedd Brwyno Hir];

Piau y bedd hwn? ...

Eiry mynydd, buan blaidd
[Eira mynydd, chwim ydyw'r blaidd];

Eiry mynydd, hydd nid hwyr
[Eira mynydd, nid araf yr hydd];

Gorwyn blaen eithin ...
[Hyfryd iawn yw blaen eithin ...];

Gorwyn blaen meillion ...
[Hyfryd iawn yw blaen meillion ...].

MATERION GRAMADEGOL

Y mae un nodwedd ramadegol sydd i'w chael trwy'r hen ganu hwn, a hynny ydi brawddegau a gosodiadau enwol, sef rhai lle na chynhwysir ffurf ar y ferf 'bod' ynddyn nhw. Dyma enghreifftiau:

> Cyfaill blaidd – bugail diog
> [Cyfaill blaidd **yw** bugail diog].

Fe ddatblygodd y llinell uchod yn ddihareb.

> Llym awel, llwm bryn
> [Llym **yw**'r awel, llwm **yw**'r bryn].

> Gorwyn blaen grug ...
> [Hyfryd iawn **yw** blaen grug].

Y mae'r nodwedd ramadegol hon yn un ffactor sydd yn cyfrannu at grynoder cyfoethog y canu.

Yn y canu fe geir enghreifftiau o 'lafariaid ymwthiol', sef llafariaid sy'n cael eu gwthio i eiriau i wneud eu hynganu nhw'n haws. Y mae gwthio *w* rhwng yr *f* a'r *r* yn y gair 'llwfr' i'w droi'n 'llwfwr' yn enghraifft. Fe geir *y* wedi'i gwthio i'r gair 'llwybr' i'w droi'n 'llwybyr', ac *y* wedi'i gwthio i'r gair 'llyfr' i'w droi'n 'llyfyr'. Y mae *y* wedi ei gwthio i'r gair 'Lloegyr'. Ac yn y blaen. Y mae rhai o'r llafariaid ymwthiol hyn wedi eu cadw yn y diweddariadau, a rhai wedi eu hychwanegu er mwyn rhythmau llinellau.

PWY A GYFANSODDODD YR ENGLYNION?

Yr ateb syml i'r cwestiwn uchod yw: does neb a ŵyr. 'Wnaeth ateb fel yna erioed rwystro dyfalwyr a dyfaliadau.

Ai dosbarth o feirdd is eu statws na'r statws a ystyriai'r 'penceirddiaid' yn briodol iddynt eu hunain a'u cyfansoddodd? Ai cynnyrch y 'bardd teulu' ydynt?

A oedd y penceirddiaid hefyd yn gyfarwyddiaid, yn rhai a fyddai'n adrodd chwedlau yn y llysoedd? Ym Mhedwaredd Gainc y Mabinogi y mae yna osodiad sydd wedi ei fynych ddyfynnu am feirdd a chyfarwyddiaid: fe aeth Gwydion a deg gŵr i lys Pryderi yn y de 'yn rhith beirdd'. Pan ofynnodd Pryderi, yn ei lys, am chwedl gan 'rai o'r gwŷr ieuainc acw', rhai a ddaethai yno o'r gogledd gyda Gwydion, dyma'r ateb a gafodd gan Gwydion: 'Moes yw gennym ni [= yr arfer gennym ni], Arglwydd ... y nos gyntaf y deler at ŵr mawr, ddywedyd o'r pencerdd. Mi a ddywedaf gyfarwyddyd yn llawen.'

Yna ychwanegir y sylw hwn: 'Yntau Wydion, gorau cyfarwydd yn y byd oedd.' Yr awgrym yng ngeiriau Gwydion yw fod y penceirddiaid yn adrodd chwedlau. Yna dywedir fod Gwydion yn gyfarwydd, yn chwedleuwr rhagorol. Y mae dwy ffordd o ddeall hyn. Yn gyntaf, y mae Gwydion yn cymryd arno bod yn bencerdd, ac felly y mae'n amlwg fod y prif feirdd yn gyfarwyddiaid hefyd. Yn ail, gellir cymryd y geiriau i awgrymu nad oedd pencerdd yn bresennol, ac felly dyma Gwydion yn cynnig adrodd chwedl; os felly, yr oedd yna gyfarwyddiaid nad oedden nhw ddim yn benceirddiaid.

Doedd Gwydion ddim yn bencerdd go-iawn, ond yr oedd o yn gyfarwydd. Ond, yn nes ymlaen yn y chwedl, y mae'r cyfarwydd hwn, Gwydion, yn canu englynion pan oedd o'n tynnu Lleu, a oedd ar lun eryr clwyfus, o'r dderwen yn Nantlleu. Y casgliad o hyn ydi fod yna gyfarwyddiaid a oedd yn medru canu englynion. Hynny ydi, yr oedd chwedleuwyr a oedd yn feirdd hefyd.

O ystyried nodweddion mydryddol y canu englynol gwelir fod ynddo elfennau sydd i'w cael yn 'Y Gododdin', canu Aneirin, a bardd teulu oedd hwnnw. Dyma fardd o 'is' statws na'r pencerdd eto.

A oedd yna feirdd a allai ganu englynion a oedd yn is eu statws na'r bardd teulu? Oedd, o leiaf ar un adeg, sef 'y glêr', y beirdd yr oedd y penceirddiaid yn ddirmygus iawn ohonynt. Ond y mae yna gryn 'ddoethineb' yn y canu englynol hwn. A allai'r glêr ddirmygedig fod yn ddigon doeth i ganu defnydd o'r math hwn? Pam lai: hyd y gwyddom, pobol gyffredin a gyfansoddodd ein 'hen benillion'. Ond y mae 'doethineb' yr englynion yn ddoethineb sydd, nid yn anaml, yn adleisio'r Ysgrythur. Y mae hynny a'r englynion crefyddol yn awgrymu beirdd a oedd yn wŷr eglwysig o ryw fath. Os down ni â'r glêr a'r eglwys at ei gilydd, yr hyn sydd gennym ydi rhyw fath o *clerici*, clerwyr mewn urddau.

Beth a wnawn ni o hyn oll? Ymddengys fod y penceirddiaid hefyd yn gallu bod yn gyfarwyddiaid, ond bod yna feirdd is eu statws, sef y beirdd teulu, a oedd hefyd yn gyfarwyddiaid. Ymddengys fod yna, yn ogystal, feirdd 'eglwysig' a gyfansoddai englynion.

Y mae un ystyriaeth arall sy'n berthnasol i'r hen englynion hyn, yn enwedig y rheini sy'n cynnwys 'doethineb'. Yn ei dystiolaeth am y Celtiaid nododd Iwl Cesar fod y derwyddon yn addysgwyr, a'u bod yn addysgu, nid trwy ddefnyddiau ysgrifenedig ond trwy wneud i'w disgyblion 'ddysgu ar eu cof gorff enfawr o farddoniaeth'. Noda hefyd fod gan y derwyddon 'lawer o wybodaeth am y sêr a'u symudiadau, am faintioli'r byd a'r ddaear, am athroniaeth naturiol, ac am bwerau a chylchoedd gweithgareddau'r duwiau anfeidrol. Y maent yn trafod y rhain ac yn eu trosglwyddo i'w disgyblion ifainc.' Faint o waddol o'r pethau hyn a draddodwyd o'r hen gyfnod Celtaidd i'r traddodiad barddol Cymraeg? Megis nad dechreuad ydi'r traddodiad Cymraeg o ganu mawl a marwnad, ond parhad o draddodiad Celtaidd hŷn, y mae yna bosibilrwydd fod rhai o'n hen englynion ni'n barhad o hen ffordd Geltaidd o ddysgu amrywiol bethau, o ddysgu hen ddoethineb ar gof.

OED Y CANU ENGLYNOL
Nid eir i fanylu am oedran y canu yma. Y mae'r cynharaf o'r englynion yn perthyn i tua dechrau'r nawfed ganrif, y cyfnod a

elwir yn gyfnod Hen Gymraeg. Y mae amryw'n perthyn o bosib i'r ddegfed a'r unfed ganrif ar ddeg, gyda rhai'n ddiweddarach na hynny; y mae'r rhain yn orgraff Cymraeg Canol.

BYRFODDAU
COCH = Llyfr Coch Hergest
DU = Llyfr Du Caerfyrddin

AOHJ: A. O. H. Jarman (gol.), Llyfr Du Caerfyrddin (1982)

AH: Rachel Bromwich ac R. Brinley Jones (goln.), *Astudiaethau ar yr Hengerdd* (1978)

AH-BFR: Testun ac erthygl Brynley F. Roberts, 'Rhai o Gerddi Ymddiddan Llyfr Du Caerfyrddin'

AH-RGG: Testun ac erthygl R. Geraint Gruffydd, 'Canu Cadwallon ap Cadfan'

IW: Ifor Williams, *Canu Llywarch Hen* (1935)

JT: Jenny Rowland, *Early Welsh Saga Poetry* (1990)

KHJ: Kenneth H. Jackson, *Early Welsh Gnomic Poems* (1935)

MH: Marged Haycock, *Blodeugerdd Barddas o Ganu Crefyddol Cynnar* (1994)

NJ: Nicolas Jacobs, *Early Welsh Gnomic and Nature Poetry* (2012)

TJ: Thomas Jones, *The Black Book of Carmarthen 'Stanzas of the Graves'* (1967)

Ers llunio'r diweddariadau cyhoeddwyd hefyd:

Jenny Rowland (gol.), *A Selection of Early Welsh Saga Poems*, MHRA, Library of Medieval Welsh, 2014

John K. Bollard, Anthony Griffiths, *Englynion y Beddau / Stanzas of the Graves*, Gwasg Carreg Gwalch, 2015

CANU CREFYDDOL

NAW ENGLYN Y JUVENCUS

(Llawysgrif Llyfrgell Prifysgol Caer-grawnt, Ff.4.42, ffol. 1.
MH: Rhif 1. Trafodwyd y naw englyn hwn a thri englyn 'y Juvencus' [gweler yr adran ar Englynion Chwedlau] gan Ifor Williams yn *Bwletin y Bwrdd Gwybodau Celtaidd* 6, t. 101 ymlaen, a t. 205 ymlaen, a chan T. Arwyn Watkins yn gol. R. Geraint Gruffydd, *Bardos*, 1982.

Cymharer y gyfres hon o englynion â Salm 39.5:

> Lluosog y gwnaethost ti, O Arglwydd fy Nuw, dy ryfeddodoau, a'th amcanion tuag atom: ni ellir yn drefnus eu cyfrif hwynt i ti: pe mynegwn, a phe traethwn hwynt, amlach ydynt nag y gellir eu rhifo.)

1. Greawdwr hollalluog, ti a wnaeth
   Ryfeddodau ...

2. Ni all trigolion Gwledydd Cred amgyffred mewn
   cân olau, bersain –
   Er i wellt ac i wair draethu –
   Dy ryfeddodau di, y gwir *Dduw*.

3. Gwnaeth y Tad, trwy wyrth, y byd –
   Anodd yw [dywedyd] cynifer [ei greadigaethau]:
   Ni all llythrennau eu cynnwys nac [ychwaith] eu hamgyffred.

4. Gwnaeth Iesu i lu Gwledydd Cred
   Wyrthiau pan ddaeth:
   ....

5. Y Gŵr a wnaeth ryfeddod y byd
   A'n gwareda, a'n gwaredodd:
   Nid llafur rhy fawr ydyw moli y Drindod.

6. Yn hyglyw, yn uchel, mewn llu cyflawn
    Canmolwn y naw uchel, hyglod
    [A] *gwynfydedigrwydd y Drinod sanctaidd.*

7. Yn hyglyw, yn ostyngedig mewn gweddi gywrain
    Y dymunaswn i i'r Drindod,
    Wrth faint ei gallu, ei moliant.

8. Dywedodd [Duw] wrth y dorf yn nhrigfan y byd
    Y byddai Ef drostynt ar groes
    Yn un swydd i foli y Drindod.

9. Un sydd yn meddu doethineb ac awdurdod
    Uwch y nef, is y nef yn gyflawn:
    Nid llafur rhy fawr ydyw moli mab Mair.

CYNTAF GAIR

(DU. AOHJ, Rhif 26
Credid fod tisian yn arwydd o lwc o ryw fath.)

Y gair cyntaf a ddywedaf
Yn y bore pan gyfodaf:
'Croes Crist yn wisg amdanaf!'

Trwy nawdd fy Arglwydd y gwisgaf fi heddiw,
Un tisian a glywaf:
[Os] nad fy Nuw ydyw, nis credaf.

Gwisgo amdanaf yn hardd,
Ni chredaf fi goel gan nad gwirionedd
Y Gŵr a'm creodd i a'm nerth i yw hi.

Y mae fy mryd i ar gilio,
[Gan] fwriadu myned ar fôr;
Bwriad llwyddiannus fydd y wobor.

Y mae fy mryd i ar gyngor,
[Gan] fwriadu myned ar fôr;
Bwriad buddiol, [un] a fydd [i'r] Iôr.

Mae brân yn dyrchafu ei hasgell,
[Gan] fwriadu myned ymhell;
Bwriad llwyddiannus fydd [yn] well.

Mae brân yn dyrchafu ei hadain,
[Gan] fwriadu myned i Rufain;
Bwriad llwyddiannus fydd [yn un] cain.

Cyfrwya di y [march] gwinau gwyn ei ffroen.
Hiraethu am redeg y mae hwn, bras ei fwng.
Arglwydd nef, roedd yn rhaid wrth Dduw gyda ni.

Cyfrwya di y [march] gwinau, byr ei flew,
Rhwydd ei gynnwrf, tuthiog ei hynt.
Lle y bo trwyn fe fydd yna disian.

Cyfrwya di y [march] gwinau, hir ei naid,
Rhwydd ei gynnwrf, [un sydd yn] awyddus i duthio.
Ni tharfa tisian gŵr diriaid ar [y] glew.

Trwm ydyw cwmni daear, tew ydyw dail mieri,
Chwerw [fydd llond] corn melys o fêl.
Arglwydd nef, gwna di fy neges i'n rhwydd.

O hiliogaeth tywysog, prynwr buddugol mewn brwydyr,
A Phedr, pennaeth pob cenedl,
[A] Sanffraid, bendithia di fy ymdaith.

Haul eiriolaeth, dymuniad [pob] arglwydd,
Crist yr Arglwydd, colofn anrheg
Ddiwygith fy mhechod i a'm gweithred.

[Y mae'r ddau englyn a ganlyn mewn bachau petryal.]
Mae pysgod yn dorwyn, [a] thon sydd yn symud [fel] elyrch,
Disglair ydyw lleferydd:
Fe ddanfona Duw gydymaith i ddyn,

Hyfryd iawn yw blaen perthi, soniarus yw adar,
Mae'r dydd yn hir, y cogau yn uchel:
Duw 'wnaeth baratoi trugaredd.

CYNTEFIN CEINAF AMSER

(DU. AOHJ, Rhif 8. MH, Rhif 16. R. Geraint Gruffydd, *Ysgrifau Beirniadol* 4, t.12 ymlaen.)

Dechrau haf, y ceinaf amser,
Persain yw'r adar, glas ydyw'r gwlydd,
Mae erydr mewn rhychau, yr ych dan yr iau,
Gwyrdd ydyw'r môr, y tir sy'n llawn lliwiau.

Pan gano'r cogau ar flaen coedydd hardd
Bydd fy nhristwch i yn fwy.
Siarp ydyw mwg, mae anhunedd yn amlwg
Oherwydd fe aeth fy nghyfeillion i'r bedd.

Ar fryn, mewn pant, yn ynysoedd y môr,
Ym mhob ffordd y gall dyn fyned arni,
Rhag y Crist sanctaidd nid oes unrhyw guddfan.

Ein dymuniad – ein Cyfaill, ein Grym – ydoedd mynd ar ffordd
I dir dy alltudiaeth;
Saith sant a saith ugain a seithcant
A aethant at un orsedd
Ynghyd â Christ sanctaidd, ni oddefasant hwy ofn.

Anrheg a archaf i – na wrthoder fi –
[Sef bod] rhyngof fi a Duw dangnefedd.
Boed imi ffordd i borth y gogoniant;
Crist, na foed i mi fod yn drist wrth dy orsedd!

CYNGOGION. ELAETH A'U CANT

(DU. AOHJ: Rhif 19. MH: Rhif 27
'Cyngogion' ydi cadwyn o englynion wedi eu cydio â chyrch-gymeriad, sef
ailadrodd geiriau o ddiwedd un englyn ar ddechrau'r nesaf, ac aildrodd
geiriau cyntaf y gadwyn ar ei diwedd. Ceisiwyd cadw'r cyrch-gymeriad hyd yr
oedd yn bosib imi yma. 'Elaeth a'u canodd'.)

Gan iddynt hwy ddarfod – fy ngwisg a fy ngwedd –
Oherwydd pechod, [hyn] yr wyf fi'n [ei] gydnabod;
Na wnelo Duw boendod dwbwl i mi.

Na wnelo Duw ddwyn poendod dwbwl ar ddyn
Oherwydd ei ddicter a'i dristwch:
Diriaid y nef [ydyw] diriaid y ddaear.

[Yn] ddaearol, pechadurus ymbilied [dyn] ar Dduw
Yn y tywllwch. Dihuned
Y sawl a ddigio Dduw, [ac] na chysged.

Na chysged mab dyn oherwydd dioddefaint mab Duw,
A dihuned ar blygain;
Fe gaiff ef nef a maddeuant.

Maddeuant a gaiff yr un wnaiff gofio am Dduw
Ac nad ydyw'n ei ddirmygu,
A nef y nos y bydd iddo farw.

Os bydd farw mab dyn heb wneud iawn â Duw
Am y pechodau y bu iddo'u cyflawni,
[Yna] nid da yr aeth enaid i'w gnawd.

Nid arferol i'r diriaid ymbilio ar Dduw
Ar gyfer dydd cyfyngder;
Ni thebyga y ffôl y bydd iddo farw.

Gan iddynt hwy ddarfod.

ELAETH A GANT

(DU. AOH]: Rhif 20. MH: Rhif 25
'Elaeth a ganodd')

Heb gadw cof am Dduw a'i ddawn i gadw'r diniwed,
Ac angylion hefyd –
Gormod o gam falchder yw hynny:
Gwae'r un a wna hyn heb [ei] gelu rhag y byd.

Ni charaf fi gyfoeth a'i ôl yn gwastadol ddiflannu;
Pob peth sy'n ddaearol – hafod yw hynny.
Gŵr iddo fyddwyf, eiddo Fo fyddo'r clod;
I Dduw ymddarostwng sydd orau.

Caraf fi foli Pedr, yr un sy'n rheoli iawn dangnefedd,
A'i ddawn barhaol gydag ef
Ym mhob iaith yn gyffes gobaith,
Un addfwyn, clodfawr, hael borthor y nef.

I Dduw y'i gofynnaf, yr Arglwydd sy'n rhoddi yr hyn a ofynnir,
Ein cynhaliwr, Eloï –
I'm henaid, rhag ei boeni,
[Boed] nawdd llawn yr holl ferthyri.

I Dduw y'i gofynnaf, cais teilwng [a] sicir –
Rhag poenau gelynion
I'm henaid, trwy eu cofion,
[Boed] nawdd Mair wyryf a'r gwyryfon.

I Dduw y'i gofynnaf, cais [sydd] hefyd yn gyfiawn,
Gan y dichon hyn fy amddiffyn,
[Sef] i'm henaid – rhag poen enbyd –
[Gael] nawdd Cristionogion y byd.

I Dduw y'i gofynnaf, cais cywrain [a] pharhaol
Yn gyson ar bob plygain,
[Sef] i'm henaid – rhag poenedigaeth –
[Gael] nawdd dyrchafol y seintiau i gyd.

Heb gadw cof am Dduw.

DRYLL O DDADL Y CORFF A'R ENAID

(DU. AOHJ: Rhif 24. 'Dryll' ydi 'darn')

Tra fyddom yn cydgerdded, gogoniant cydymaith,
Boed ein gweithred ni yn berffaith,
Ceisiwn ni ymwared
Drwy ffydd a chrefydd a chred.

Er fy mod i yn credu yn Nuw drwy *gymorth* ffydd,
Mawr benyd, maith benyd –
Enaid, pan y'm cyferchi,
'Pa ddiwedd – ai bedd a fydd imi?'

CYSUL ADDAON 1

(DU. AOHJ: Rhif 27. 'Cysul' ydi 'cyngor')

Mi a'i gofynnais i offeiriaid y byd
A'u hesgobion a'u hynadon:
'Pa beth sydd orau i'r enaid?'

'Pader a bendith, a'r Credo bendigaid;
Bydd yr un hwnnw a'u cano er mwyn ei enaid
Hyd Ddydd Barn yn gynefin â'r gorau.

Boed iti sgythru ffordd a dâl i ti
A llunio tangnefedd;
Ni fydd diwedd i ti ar drugaredd.

Rho fwyd i'r newynog, [rho] ddillad i'r noeth,
A chana di [dy] weddi –
O ymyl diafoliaid y daethost.

Y balch a'r rhai segur, dolur [fydd] ar eu cnawd
Oherwydd iddynt fynd y tu hwnt i fesur:
Rhaid ydyw nithio y sawl na fo'n bur.

Gormod o gwsg, a gormod o fedd-dod, a gormod o ddiod o fedd,
A gormod o drythyllwch y cnawd –
Dyna yw'r melys [a fydd wedyn] yn chwerw erbyn Dydd y Farn.

Llwon celwyddog am dir, a brad yn erbyn arglwydd,
A difenwi'r isel rai –
Ar Ddydd y Farn byddi [di] yn edifar.

Trwy godi at y Plygain a bod liw nos yn effro
Ac ymbilio ar y saint
Fe gaiff pob Cristion faddeuant.'

CYSUL ADDAON 2

(LLYFR COCH TALGARTH [Llawysgrif LL.G.C. Llanstephan]. MH: Rhif 29)

Mi a'i gofynnais i offeiriaid y byd
A'u hesgobion a'u hynadon:
'Pa beth sydd orau i'r enaid?'

'Pader a bendith, a'r Credo bendigaid;
Yr un a'u cano hwy yn gyhoeddus,
Da fydd hanes hwnnw er lles yr enaid.

Rho ddillad i'r noeth, a bwyd i'r newynog,
A chana di [dy] weddi –
O ymyl diafoliaid y daethost.

Na fydd di yn fynych yn ddig, paid ti â chwenychu'r Tân Mawr,
Na lefara di anair lle bynnag y byddi.
Cadwa di'r cyngor a roddaf i ti,
Cadwa dy bwyll, na chwenycha di dwyll.

Cyngor [yw hwn] a roddaf i ti: paid ti ag anhrefnu dy dŷ,
A phryna di [bry'] wrth flingo'r un sy' [yn dy feddiant];
Gwaria'n [hael] o fewn dy wlad, [ac] fe gei dithau olud.
[Pry' = anifail]

Cyngor [yw hwn] a roddaf i ti: paid â bod yn un anodd dy drin,
A bydd di yn barod i wrando:
Paid â chablu, [a phaid ti â gwrthod] *dieithriaid*.

Paid â lladd un dyn, [a] phaid ti â'i rwystro,
Paid ti â digio Duw yn ei drigfan sanctaidd;
Os na fynni di ddrwg, gwna di dda.

Er y gall fod y ddaear yn dda, nid diledryw
I neb yw ei chwerw a'i melys:
Yr hyn a faga'r ddaear, [hynny] y mae hi yn ei ysu.

PENYD LLYWELYN A GWRNERTH

(COCH. MH: Rhif 32. LL = Llywelyn; G = Gwrnerth

Cyn yr englynion ceir y geiriau hyn – gyda'r orgraff wedi ei diweddaru, a threigladau wedi eu cynnwys:

Llywelyn a Gwrnerth a oeddynt ddeusaint benydiawl yn y Trallwng ym Mhowys. A dyfod ynghyd a wnaent y tair awr ddiwethaf o'r nos, a'r tair awr gyntaf o'r dydd i ddywedyd eu pylgaint [gweddïau boreol] ac orïau [gweddïau] y dydd i am hynny [at hynny]. Ac ysef y gwelai Llywelyn guddugl [cell] Gwrnerth yn gaead, a chan ni wyddiad [na wyddai] paham oedd hynny sef a wnaeth yntau canu englyn.)

1

LL: 1.   Eira mynydd, gwynt am berth.
             Gan mai Creawdwr y nef sydd yn rhoi imi nerth,
             Ai cysgu a wna Gwrnerth?

G: 2.   Eira mynydd, Duw yn bennaf,
             Gan mai arno y gweddïaf:
             Nage, cysgu ni allaf.

LL: 3.   Eira mynydd, gwynt am y tŷ.
             Gan dy fod ti'n siarad felly,
             Beth, o Wrnerth, a bair hynny?

G: 4.   Eira mynydd, gwynt y deau.
             Gan 'mod i'n traethu y prif eiriau,
             Yr achos tebyg yw mai angau.

LL: 5.   Eira mynydd, gwyn odiaeth ydyw'r fro.
             Dedwydd yw pawb wrth y sawl a'i cynhalio;
             Creawdwr y nefoedd a'th waredo.

G: 6.   Eira mynydd, gwyn odiaeth ydyw'r pren.
             Gan mai fi sy'n dweud peth amgen;
             Nid oes nawdd i neb rhag tynged.

G: 7. Eira mynydd: [pwrpas] pob defod
[Yw osgoi] gormes pryder Dydd y Farn:
A gaf fi gymun fydd yn gardod?

LL: 8. Eira mynydd, gwynt am y tŷ.
Gan dy fod ti'n siarad felly,
Och, fy mrawd, ai rhaid yw hynny?

G: 9. Y dewr ei awen, mi a'th garaf,
Ac ar Dduw myfi weddïaf,
Llywelyn, yn rhy hwyr y'i caf.

ll

G: 10. Eira mynydd, gwynt am fryn.
Gan mai Creawdwr nef a'i mynn:
Ai cysgu y mae Llywelyn?

LL: 11. Eira mynydd, gwynt y deau.
Gan 'mod i'n traethu y prif eiriau –
Nage, canu'r ydwyf fy ngweddïau.

G: 12. Eira mynydd: ti, y tra dysgedig,
Pan dry y gwynt o gwmpas mur
A wyddost ti pwy sy'n dywedyd?

LL: 13. Eira mynydd: y llafar, hy,
Gan dy fod ti'n crybwyll hynny,
Ni wn i, os na ddywedi.

G: 14. Eira mynydd: pob cymorth
A gaiff [dyn] i foli'n brydferth;
Yma mae dy frawd di, Cyfnerth.

LL: 15. Cynnwrf cerdd flaengar, ac ynni pob hy,
            Ac awen sy'n peri imi [ofyn]:
            Beth, o Wrnerth, sydd orau gen ti?

G: 16. Llu blaen pob defod a llafur arferol yr hy:
            Ar gyfer bywyd hyd Ddydd y Farn
            Yn orau y cefais i roddi cardod.

LL: 17. Y dewr ei awen, teg dy gampau,
            Y mae'r Canon yn dy enau:
            Dwed pa gardod ydyw'r gorau?

G: 18. Un blaengar ei awen, gwynt wrth y llyn,
            Pan ergydia ton o gwmpas y bryn:
            Gorau peth yw bwyd rhag newyn.

LL: 19. Os cyrraedd bwyd ni allaf,
            Ac â'm dwylo ef ni chaf,
            Dwed imi, wedyn, beth a wnaf?

G: 20. Cynnwrf cerdd flaengar ac ynni rhai beiddgar
            Ac awen sy'n peri imi [ddwedyd]:
            Dyro ddillad, [wir], rhag noethni.

LL: 21. Fy nillad, mi a'u rhoddaf,
            I Dduw y'u gorchymynnaf:
            Pa dâl a gaf fi wedyn?

G: 22. Yr hyn a roddi di o dda ymhob difaru
            Yn hy o ran cadw dy wyneb, [= cadw anrhydedd]
            Fe'i cei di ef yn y nef ar ei ganfed.

LL: 23. Unlliw'r dydd, gan fy mod i'n dy garu di,
            Un sy'n arddel crefft, gan mai hynny 'geisiaf i,
            [Fe ofynnaf] gan Dduw pa un peth sydd gasaf?

G: 24. Budd ac awen a chymdeithas,
            Pan redo dŵr ar oriawered,
            Y twyll gwaethaf yw twyll trwy ymddiried.

LL: 25. Twyll trwy ymddiried, os hynny a wnaf,
            Ac os hyn i Dduw ni chyffesaf,
            Pa ddial a fydd arnaf?

G: 26. Os gwnei di dwyllo trwy ymddiried,
            Heb ffydd, heb grefydd, [a] heb gred,
            Cei benyd ar dy seithfed.

LL: 27. Unlliw'r dydd, myfi a'th gredaf,
            Ac er mwyn Duw hyn a ofynnaf:
            Y nef – ym mha wedd y'i henillaf?

G: 28. Nid cyffelyb ydyw da a drwg.
            Pan wrthdrawa gwynt a mwg,
            Gwna dda er Duw, yr un di-wg.

LL: 29. Un blaengar ei awen ymhob nodded.
            Rhedeg yn wyllt wna ceffylau ar des.
            Diwedd pob peth ydyw cyffes.

G: 30. Yr hyn a wnei di o ddrygioni,
            Yn dwyll a thrais a thraha,
            Er mwyn Duw, cyffesa'n dda.

(Ar ddiwedd y gyfres englynion ceir y geiriau a ganlyn:

Tysiliaw fab Brochfael Ysgithrawg a gafas yr englynion hyn y gan Wrnerth yn dyfod i gywiraw ei gred [gadw ei air] wrth Lywelyn Sant ei gyd-benydawg [cyd-benydiwr]. Ac a elwir Ymatreg [edifeirwch] Llywelyn a Gwrnerth.)

MAB MAIR

(LLYFR COCH TALGARTH. MH: Rhif 13)

1. Maga Mair fab yn ei bru,
   Yn ddedwydd y'i ganwyd i'r rheini a'i canfu:
   Un llwybyr â'r haul, eang [iawn yw] ei deulu.

2. Maga Mair fab yn ei chorff,
   Yn ddedwydd y'i ganwyd i'r rheini a'i gwelodd:
   Un llwybyr â'r haul, llydan [iawn yw] ei angerdd.

3. Maga Mair fab addfwynder
   Duw, [sef] pen perchen pob pobloedd,
   Ei thad, ei chyfnerthwr, ei brawd.

4. Maga Mair fab ac urddas arno:
   Treisio ei deyrnas ni all yr un dyn.
   Hardd ydyw ei eiriau, nid â'n iau [ac] nid â'n hŷn.

5. Ni ŵyr yr anghyfarwydd
   Sut y perthyn Mair i Ddofydd: [= Duw]
   Ei mab, ei thad, ei Harglwydd.

6. Er 'mod i yn feidrol trist, fe wn i sut y mae hi, Mair,
   Yn perthyn i'r Drindod ysbrydol –
   Ei mab, a'i brawd cnawdol,
   A'i thad, yr Arglwydd da, nerthol.

YMDDIDDAN ARTHUR A'R ERYR

(LLAWYSGRIF 3 COLEG IESU, RHYDYCHEN. MH: Rhif 30
A = Arthur; E = Eryr. Gwelir fod yr Eryr yn dweud mai Madog fab Uthr ydyw,
ac mai Eliwlad – nai Arthur – oedd ei enw gynt. Dilynir golygiad testun MH
o ran rhifo a llefarwyr.)

A: 1. Fe ryfeddaf fi ato – gan fy mod i yn fardd –
Ar flaen y dderwen a'i brig hi yn hardd:
Pam yr edrycha yr Eryr, [a] phaham y chwardd?

E: 2. Arthur, sy'n ennill hyd bellteroedd glod,
Arth llu, [a] noddfa llawenydd,
Yr Eryr a'th welodd di gynt.

A: 3. Fe ryfeddaf fi ato ar lannau y moroedd,
Fe'i gofynnaf yn fyfyriol:
Pam y chwardda, paham yr edrycha yr Eryr?

E: 4. Arthur, a hynt ei glod ymhell,
Arth llu, â gwedd o lawenydd,
Yr Eryr a'th welodd di gynt.

A: 5. Yr Eryr a saif ym mrig y dderwen,
Pe baet ti [yn wir] o hil yr adar
Ni fyddet ti na dof na gwâr.

E: 6. Arthur, gleddyfog ac aruthr,
Ni saif dy elynion yn erbyn dy ruthr;
Myfi ydyw Madog, [a] mab [wyf i] Uthr.

A: 7. Yr Eryr, ni wn i dy ryw,
Sy'n treiglo dyffryngoed Cernyw;
Madog fab Uthr nid ydyw yn fyw.

E: 8. Arthur cenedl ...
Arth gwŷr, *ni wna llid dy wared*:
Eliwlad y'm gelwid i gynt.

A: 9. Yr Eryr olwg ddifai,
Ar dy barabl nid oes bai:
Ai ti yw Eliwlad, fy nai?

E: 10. Arthur, eofn dy laddfa,
Ar dy rawd mae yna ymostwng i ti:
Ardderchog yw cydnabod perthynas.

A: a. Yr Eryr, di-frad ei siarad,
Os ti ydyw Eliwlad,
Ai da fyddai ymladd amdanat?

E: b. Arthur, eofn dy ateb,
Ni saif unrhyw elyn i ti yn dy wyneb,
Ond dianc rhag angau? Ni wna neb.

A: c. Yr Eryr, plaen dy siarad,
A allai neb, trwy ryfela,
Dy gael di eilwaith yn fyw?

E: ch. Arthur, bendefig ar haelion,
Os credir geiriau'r Canon:
Â Duw ni thycia ymryson.

A: 11. Yr Eryr, leferydd eglur,
A ddywedi di wrth Arthur
Beth sydd yn ddrwg ei wneuthur?

E: 12. Meddwl drwg trwy anffawd
A hir fyfyrio arno:
Pechod trist yw'r enw arno.

A: 13. Yr Eryr, leferydd di-wg,
A ddwedi di wrthyf yn amlwg
O'i wneuthur beth sy'n ddrwg?

E: 14. Meddwl brad anghywir
A chelu meddwl yn hir –
Drygioni a phechod y'u gelwir.

A: 15. Yr Eryr, leferydd tawel,
A ddwedi di i mi heb gêl
Beth 'wnaiff beri imi ffordd i'w gochel?

E: 16. Gweddïo ar Dduw bob plygain,
A dymuno maddeuant,
A gofyn am gymorth y saint.

A: 17. Yr Eryr, leferydd doethaf,
I ti dy hun y'i gofynnaf:
I foddio Crist, pa fodd y'i haeddaf?

E: 18. Caru Duw â meddwl uniawn
A gofyn [iddo] gais yn gyfiawn
A ddyry yn dy feddiant nef a bydol ddawn.

A: 19. Yr Eryr, gwir lefaru,
Yn daer gofynnaf iti:
Ai da gan Grist ei foli?

E: 20. Arthur, cadarnaf ei wrhydri,
Arth gwŷr, arfaeth milwr ar bob goror:
Pob ysbryd – moled yr Iôr.

A: 21. Yr Eryr, o radlon egwyddor,
Gofynnaf fi i ti heb gryndod:
Pwy sy'n Arglwydd ar bob ysbryd?

E: 22. Arthur, nid segur dy lafnau,
          Fe wridaist dy waywffyn mewn ffrydiau o waed:
          Crist ydyw, cred fi, heb fy amau.

A: 23. Yr Eryr, o radlon addefiad,
          Gofynnaf i ti ar uchaf [fy] llef:
          Beth sydd orau i geisio Nef?

E: 24. Edifeirwch am drosedd,
          A gobaith am ran o dangnefedd –
          Hyn 'wnaiff beri i ti gael trugaredd.

A: 25. Yr Eryr, goludog leferydd,
          Gofynnaf i ti ar draethiad:
          Beth sydd waethaf heblaw pechod?

E: 26. Arthur ardderchog, doeth ei iaith,
          Ar ôl barnu pob rhai cyfiaith,
          Dim gobaith yn Nydd Barn ydyw'r gwaethaf.

A: 27. Yr Eryr, cynyddol leferydd,
          Gofynnaf iti yn lle'r Arglwydd:
          Beth sydd a ddaw o anobaith?

E: 28. Haeddu poenau maith uffernol,
          A cholli Duw yn dragwyddol,
          A chael cwymp [gwir] anesgorol.

A: 29. Yr Eryr, *tywysog* dy bobol,
          Gofynnaf yn daer i ti maes o law:
          A oes undim yn well na gobeithio?

E: 30. Arthur, tywysog llu,
          Os mynni di, o fudd, gael cyfran,
          Ar Un cadarn gobeithied y gwan.

A: 31. Yr Eryr, cywir leferydd,
        I ti dy hun y'i gofynnir:
        Onid cadarn ydyw perchen tir?

E: 32. Arthur, y mwyaf un sydd yn dwyn cleddyf,
        Na cholla di Dduw er mwyn cael golud;
        Ei gadernid Ef yw'r [cadernid] pennaf.

A: 33. Yr Eryr, gwir leferydd,
        Gofynnaf i ti mewn geiriau:
        Onid un cadarn ydwyf finnau?

E: 34. Arthur, pen byddinoedd Cernyw,
        Tywysog, ar luoedd sy'n llyw:
        Y cadernid pennaf ydyw Duw.

A: 35. Yr Eryr, ddieithr ei iaith,
        Arferol ydyw uchel faldordd:
        Beth a rydd Duw er mwyn gosgordd?

E: 36. Gosgordd na folai Efô yn wir,
        Ac na chyfarchai Efô yn gywir,
        Ni rydd Duw ystyriaeth iddi.

A: 37. Yr Eryr nefol ei dynged,
        Os na chaf fi ei weled,
        Beth a wna Crist i'r rhai ynddo a gred?

E: 38. Arthur, gorseddfa llawenydd,
        Yr wyt ti i lu yn arglwydd:
        Ti dy hun ar Ddydd y Farn fydd yn gwybod.

A: 39. Yr Eryr, ddiymwad ei eiriau,
        Gofynnaf yn gadarn i ti:
        Ai ar Ddydd Brawd y rhoddir y farn? [Brawd = barn]

E: 40. Arthur, ardderchog ei orseddfa,
        Ar ddydd dy angau dy ffydd di ni phalla:
        Duw ei hun fydd yn barnu yna.

A: 41. Yr Eryr, cyhoeddus ei barabl,
        I ti gofynna perchen lluoedd:
        Beth, ar Ddydd y Farn, a wna y bobloedd?

E: 42. Arthur, ardderchog ei hynt,
        Arth gwŷr, sydd yn gweini gwirodau:
        Yna y bydd pawb yn gwybod ei le.

A: d. Yr Eryr, balch ei barabl,
        Gofynnaf fi i ti heb ddadl:
        Ai da cael offeren ar y Sul?

E: dd. Offeren ar ddydd Sul, os gwnei di ei derbyn,
        A dŵr a bara wedyn,
        Gwynfydedig fyddi di am hyn.

A: e. Yr Eryr, difrif ei barabl,
        Gofynnaf dros Dduw i ti,
        Beth a ddaw imi os byddaf fi hebddi?

E: f. Os byddi heb offeren
        Ddydd Sul, heb fod rhaid, heb fod angen,
        Ar hyd yr wythnos ni fydd iti chwerthin chwaith
                                        na gwên.

A: ff. Yr Eryr, enwog ei barabl,
        Gofynnaf i ti am fod rhaid:
        Beth sydd orau er mwyn fy enaid?

E: g. Pader ac offerennau,
        A dirwest a rhannu cardodau,
        Ac arfer y rhain hyd [dy] angau.

CANU NATUR A GWIREBAU

LLYM AWEL

(DU. AOHJ: Rhif 30. KHJ: Rhif l. NJ: Rhif l. JR: t.454 ymlaen.
Gwelir fod yna bytiau o sgwrs yma ac acw, sef rhyw elfen o chwedl.)

1. Llym ydyw'r awel, llwm ydyw y bryn, anodd dod o hyd
   i unlle clyd;
   Llygra'r rhyd, [a] rhewa'r llyn:
   Gall gŵr sefyll ar un conyn.

2. Ton ar don yn toi tu'r tir;
   Goruchel gwaeddau ger uchelfannau bryn:
   O'r braidd, allan, y sefir.

3. Oer gwely'r llyn rhag llid y gaeaf;
   Crin yw'r brwyn, yr hesg sydd o'r breuaf,
   Garw yw'r awel, y coed sydd yn glaf.

4. Oer gwely y pysgod dan gysgod yr iâ;
   Cul ydyw'r hydd, y cawn sydd yn farfog;
   Byr yw'r diwetydd, [a] gwŷdd sydd yn warrog.

5. Bwrw eira, gorchudd gwyn;
   Nid â milwyr ar eu neges;
   Oer yw'r llynnau, eu lliw sydd heb des.

6. Bwrw eira, barrug gwyn;
   Segur y darian ar ysgwydd yr hen;
   Rhy fawr ydyw'r gwynt, [a] rhewa y gweiryn.

7. Bwrw eira ar warthaf rhew;
   Ysguba'r gwynt flaen coedydd tew:
   Cadarn y darian ar ysgwydd y glew.

8. Bwrw eira, toa'r ystrad;
   A brysiant hwy, filwyr, i gad;
   Myfi, nid af, anaf ni'm gad.

9. Bwrw eira ar du'r rhiw;
   March sy'n garcharor, cul ydyw y buchod:
   Dim natur hafddydd heddiw.

10. Bwrw eira, gwyn goror y mynydd;
    Llwm ydyw coed y llong sydd ar fôr:
    Maga'r llwfwr lawer esgus.

11. Dyrnau aur ar gyrn, cyrn ymhlith y glêr;
    Oer ydyw'r llurig, llawn mellt ydyw'r awyr;
    Byr ydyw'r diwetydd, blaen coed sydd yn gam.

12. Gwenyn yn 'mochel, yr adar yn wan eu caniadau;
    Noethlwm yw'r dydd;
    Clog-wyn yw cefn bryn, [a] choch ydyw'r wawr.

13. Gwenyn dan warchod, oer wyneb y rhyd;
    Rhewa rhew pan fyddo:
    I'r sawl sydd yn farwol, marwolaeth a ddaw.

14. Gwenyn yn gaeth, gwyrdd ydyw lliw'r môr;
    Crin yw yr hesg, [a] chaled y rhiw;
    Oer a llwm yw'r byd [yma] heddiw.

15. Gwenyn yn glyd rhag gwlybaniaeth y gaeaf;
    Llwyd ydyw'r tyfiant, a gwag yw yr efwr:
    Nodwedd wael ydyw llyfrdra ar ŵr.

16. Hir y nos, y rhos sy'n llwm, [pob] rhiw sy'n llwyd;
    Glas ydyw glan, a gwylan sydd mewn ewyn briw;
    Garw yw'r moroedd, glaw a fydd heddiw.

17. Sych yw y gwynt, gwlyb yw ei hynt, llif dyfroedd
                                        sy'n frochus;
    Oer ydyw'r gwyrddni, cul ydyw yr hydd;
    Llif sydd mewn afon; hinon a fydd.

18. Drycin ar fynydd, afonydd yn dyrfus;
    Gwlycha llifogydd waelodion y trefydd;
    Gweld y byd – fel gweld gweilgi a fydd.

19. Nid wyt ti'n benllwyd unben; nid wyt ti'n ysgolhaig;
    Ni'th elwir yn nydd brwydro:
    Och, Gynddilig, na fuost ti'n wraig!

20. Cyrcha'r carw crwm drum y cwm clyd;
    Ysgyria'r iâ, mae broydd yn llwm:
    Dienga'r glew rhag llawer cyfyngder.

21. Bronfraith, braith fron;
    Braith fron, bronfraith.
    Briwir ochor glan gan garn carw culgrwm, cam.
    Cryf iawn ydyw'r awel, uchel ei llef;
    O'r braidd y saif unrhyw un allan.

22. Calan gaeaf; gwinau, tywyll eu haen ydyw blaen y grug;
    Gorewynnog ydyw ton y môr;
    Byr ydyw'r dydd, fe dderfydd eich cyngor.

23. O gysgod tarian ac egni march
    A gwŷr dewr [a] gwrol,
    Teg ydyw'r nos i daro gelyn.

24. Cyflym yw'r gwynt, llwm iawn ydyw'r coed;
    Crin ydyw'r cawn, llawn y llyn, y carw'n sydyn:
    Pelis anwir, pa dir ydyw hwn?

[O hyn ymlaen ymddengys fod y defnydd chwedlonol yn gryf. Y mae'r elfen chwedlonol wedi ei dethol gan IW yn ei Adran VII.]

25. Cyn bwrw eira hyd din Arfwl Felyn, [Arfwl = ceffyl?]
    Ni wnai düwch fi yn drist;
    Tywyswn i lu i Fryn Tyddwl.

26. Er y gall y môr rwydd-daro ar argae a rhyd,
    Ac, ar riw, y gall eira ddigwydd,
    Pelis, o ble y daw [inni] arweinydd?

27. Ni wna pryder ym Mhrydain i mi heno
    Ymosod ar fro pennaeth *nerthol*
    [Gan] ganlyn Owain ar farch gwyn.

28. Cyn gwisgo arfau a chodi dy darian,
    Amddiffynnwr byddin Cynwyd,
    Pelis ym mha dir y'th fagwyd?

29. Y gŵr a ryddhao Duw o garchar rhy gaeth,
    Y pennaeth coch ei waywffon:
    Owain Rheged a'm magodd.

30. Oherwydd i'r arglwydd fynd i Rodwydd Iwerydd,
    A! Lu y tŷ na ffowch!
    Ar ôl medd na fynnwch gywilydd!

31. Y bore ar las y dydd
    Pan ymosodwyd ar Mwng Mawr Drefydd,
    Nid rhai llaw-faeth ydoedd meirch Mechydd.

32. Ni wna diod fi yn ddedwydd
    Oherwydd y newydd a ddaeth imi:
    Mechydd, mae gwŷdd yn orchudd iti.

33. Cyfarfu [milwyr] oherwydd Cafall.
    Yr oedd corff gwaedlyd heb ddim parch
    Yng ngwrthdaro Rhun a'r un dewr arall.

34. Gan mai gwaywffynwyr Mwng a laddodd Mechydd –
    Llanc dewr na ddealla hyn –
    Arglwydd nef, peraist ti i mi dristwch.

35. Milwyr mewn brwydyr, rhyd wedi rhewi;
    Oer iawn ydyw'r don, brith bron y môr:
    Arglwydd, rhodded ddwfwn gyngor.

36. Mechydd mab Llywarch, arglwydd [tra] gwrol,
    Hardd a theg oedd ei fantell liw alarch –
    Ef oedd y cyntaf i ffrwynglymu ei farch. [Er mwyn mynd
                                            i frwydro?]

EIRA MYNYDD

(COCH. KHJ: Rhif lll. NJ: Rhif ll)

1. Eira mynydd, gwyn pob tu:
   Cynefin yw brân â chanu:
   Ni ddaw da o or-gysgu.

2. Eira mynydd, gwyn ydyw'r ceunant;
   Rhag rhuthr gwynt y gwŷdd a wyrant:
   Llawer dau a ymgarant
   A byth ni chyfarfyddant.

3. Eira mynydd, gwynt a'i tafla;
   Llydan ydyw lloergan, [a] glas ydyw tafol:
   Anaml yw'r diriaid heb fod ganddo ryw hawl.

4. Eira mynydd, hydd yn chwim;
   Arferol ym Mhrydain ydyw rhyfelwyr dewr:
   Angenrhaid i alltud ydoedd deall.

5. Eira mynydd, hydd yn sbriws;
   Hwyaid ar lyn, y môr sydd yn wyn;
   Araf ydyw'r hen, ei oddiweddyd sy'n hawdd.

6. Eira mynydd, hydd ar fynd;
   Chwardda'r galon gyda'r hwn a garo;
   Er i chwedl gael ei dweud wrthyf fi
   Adwaenaf fi warth ple bynnag y bo.

7. Eira mynydd, gwyn iawn ydyw'r gro;
   Pysgodyn mewn rhyd, clyd ydyw ei ogo':
   Cas fydd yr un sy'n achosi trafferthion.

8. Eira mynydd, hydd yn sgrialu;
   Arferol gan ryfelwr ydyw arf sydd yn sgleinio
   A mynd ar farch ar ochor corn y cyfrwy,
   A dwyn ei lid i lawr ar farf.

9. Eira mynydd, hydd yn grwm;
   Dywedais i lawer, hynny mi wn:
   Annhebyg i hafddydd yw hwn.

10. Eira mynydd, hela hydd;
    Chwibana'r gwynt uwch ben bargod
    Y twr: peth trwm, O ŵr, ydyw pechod.

11. Eira mynydd, hydd yn neidio;
    Chwibana'r gwynt uwch clawdd uchel, gwyn:
    Arferol i'r un tawel ydyw bod yn rhagorol.

12. Eira mynydd; hydd hyd y fro;
    Chwibana'r gwynt uwch blaen y to:
    Nid ymguddia y drwg, ble bynnag y bo.

13. Eira mynydd, hydd ar draeth;
    Mae'r hen yn colli ei fabolaeth;
    Golwg wan wna dyn yn gaeth.
    neu Wyneb hyll wna dyn yn gaeth.

14. Eira mynydd, hydd yn y llwyn;
    Du iawn ydyw brân, a buan yw iyrchwyn:
    Yr iach sydd yn rhydd, rhyfedd iawn yw ei gŵyn.

15. Eira mynydd, hydd mewn brwyn;
    Oer ydyw'r corsydd, mewn cerwyn mae medd:
    Arferol gan un anafus yw cŵyn.

16. Eira mynydd, brith bron y tŵr;
    Cyrcha anifail i glydwch:
    Gwae y wraig honno a gaffo ddrwg ŵr!

17. Eira mynydd, brith bron y graig;
    Crin ydyw'r hesg, sych eu traed ydyw'r gwartheg:
    Gwae y gŵr hwnnw a gaffo ddrwg wraig!

18. Eira mynydd, hydd mewn ffos;
    Y gwenyn sydd yn cysgu'n ddiddos:
    Cyd-fynd wna lleidr a hir nos.

19. Eira mynydd, chwyn hir sydd mewn afon;
    Araf ydyw y caeth i gael unrhyw lwyddiant:
    Nid yn sydyn y gwna'r ara' [unrhyw] iawn am gywilydd.

20. Eira mynydd, pysgod mewn llyn;
    Balch ydyw'r hebog, arglwyddi'n *wallt-cyrliog*:
    Ni chaiff pawb yr hyn a fynn.

21. Eira mynydd, coch ydyw brig y coed gellyg;
    Llidiog, lluosog ydyw'r gwayw-ffyn:
    Och oherwydd hiraeth, fy mrodyr!

22. Eira mynydd, chwim ydyw'r blaidd,
    I ffin ei gynefin gwyllt y mae'n mentro:
    Arferol yw pob anaf ar yr un swrth.

23. Eira mynydd, nid araf yr hydd;
    Disgynna'r glaw o'r awyr:
    Maga tristwch iselder llwyr.

24. Eira mynydd, y carw'n chwim;
    Gwlycha'r tonnau lan y traeth:
    Y celfydd, cuddied ei arfaeth!

25. Eira mynydd, hydd yn y glyn;
    Digynnwrf fydd haf, a llonydd y llyn;
    Barflwyd yw rhew: bydd y glew ar y ffin.

26. Eira mynydd; brith yw bron gwŷdd:
    Cadarn yw 'mraich a chadarn fy ysgwydd;
    Bwriadaf fi na fyddaf fi'n ganmlwydd.

27. Eira mynydd, llwm blaen yr hesg;
    Crwm yw blaen brwgaij, mae pysgod mewn môr:
    Lle na bo dysg, ni fydd dawn.

28. Eira mynydd, pysgod mewn rhyd;
    Cyrcha'r carw culgrwm am y cwm clyd:
    Hiraeth am y marw, ni thycia ddim byd.

29. Eira mynydd, hydd mewn coed:
    Ni theithia y dedwydd ar ei ddwy droed;
    Maga'r llwfrgi lawer niwed.

30. Eira mynydd, hydd ar y fron;
    Chwibana'r gwynt uwch brig yr onn:
    Trydydd troed i hen – ei ffon.

31. Eira mynydd, hydd yn nofio;
    Hwyaid ar lyn, gwyn yw lili y dŵr:
    Y diriaid – ni fynna fo wrando.

32. Eira mynydd, coch yw traed ieir;
    Bas ydyw'r dwfwr lle y mae o yn llafar:
    Chwanegu cywilydd wna ymffrost.

33. Eira mynydd, hydd yn chwim
    Prin yw yr hyn a'm diddana'n y byd:
    Rhybudd i'r diedifar ni thycia ddim byd.

34. Eira mynydd, gwyn ydyw ei wlân;
    Peth prin ydyw wyneb cu gan gâr
    Gyda mynych fynd i'w dŷ.

35. Eira mynydd, gwyn yw to tai:
    Pe traethai tafod yr hyn 'wyddai y galon,
    Ni fyddai neb byth yn gymdogion.

36. Eira mynydd, dydd a ddaeth:
    Claf yw'r penisel, y llednoeth sy'n llwm;
    Arferol yw pob anaf ar y rhai sy'n an-noeth.

'BIDIAU' 1

(COCH. KHJ: Rhif VII. NJ: Rhif III
Ffurf ar ferf 'bod' ydi 'bid', sef y 3ydd person unigol presennol, gorchmynnol,
a dyfodol. Dyna ddigon o ddewis: yr ystyr gorau i'r 'bid' hwn yn y gyfres isod
ydyw: 'arferol yw i hyn a'r llall fod' neu 'mae'.)

1. Mae crib ceiliog yn goch, ei lef sy'n un fywiog
   O wely buddugol.
   Llawenydd dyn – Duw a'i mola.

2. Mae meichiaid yn llawen pan ochneidia y gwynt:
   Mae'r un tawel yn un rhagorol;
   Arferol i'r diriaid ydyw aflwydd.

3. Mae'r ceisbwl yn gyhuddwr; a gŵydd yn gwerylgar;
   Ffitio'n glòs y mae dillad:
   Y sawl a gâr [unrhyw] fardd? Rhoddwr hardd.

4. Mae pennaeth yn wrol, ac eiddgar ei fryd,
   Y mae o yn flaidd yn y bwlch.
   Yr un hwnnw na roddith, ni chedwith ei barch.

5. Mae ceirw yn chwim mewn ardal fynyddig:
   Yn y galon y mae gofal;
   Mae'r anffyddlon yn anwadal.

6. Mae marchog yn amlwg, gochelgar yw lleidr;
   Mae gwraig yn un sy'n twyllo'r goludog;
   Cyfaill blaidd – bugail diog.

7. Mae marchog yn amlwg, a thuthio mae march;
   Mae offeiriad yn fachog;
   Yr anffyddlon – mae hwnnw'n ddau-eiriog.

8.   Mae buchod yn grwm a blaidd yn llwyd;
     Mae ceffyl yn fywiog [o'i fagu] ar haidd;
     Gwasga gwawn y grawn yn ei wraidd.

9.   Mae'r byddar yn drist, peth gwag sydd yn grwm;
     Chwim ydyw ceffyl mewn cadau;
     Gwasga gwawn y grawn yn ei gladdfa.

10.   'Be?-Be?-gar' yw'r byddar; y ffôl sy'n anwadal;
     [A']r un ynfyd – mae hwnnw'n ymladdgar;
     Dedwydd ydyw'r dyn a wêl un a'i câr.

11.   Mae llyn yn ddwfn; gwayw-ffyn yn llym;
     Uchel ei lef ydyw'r glew mewn brwydyr:
     Mae'r dedwydd yn ddoeth, mae Duw'n gymorth iddo.

12.   Mae eithin yn bigog; mae un alltud yn ddiarth;
     Y mae ffŵl yn chwannog i chwerthin;
     Mae rhos yn llwm; mae cennin yn chwerw.

13.   Mae rhych yn wlyb; mae mechnïaeth yn aml;
     Mae'r claf yn cwyno; yr iach yn llawen;
     Mae ci bach yn chwyrn; mae gwrach yn llawn gwenwyn.

14.   Mae sgrech yn drallodus; mae *byddin* yn chwim;
     Mae'r pasgedig yn fywiog;
     Mae'r glew yn un beiddgar, [ac] ucheldir dan rew.

15.   Mae gwylan yn wyn; [a] swnllyd yw ton;
     Mae gwaed yn staen ar waywffon onn;
     Mae rhew yn llwyd; mae calon yn lew.

16.   Mae gardd lysiau yn las; mae eirchiad heb warth;
     Ceir arglwydd mewn brwydyr;
     Mae gwraig yn ddrwg ac aml ei gwarth.

17. Mae iâr yn grafangog; rhyfelgar yw'r glew;
    Y mae'r ynfyd yn ymladdgar;
    Mae calon yn torri gan alar.

18. Mae tŵr yn wyn; mae arfau yn cloncian;
    Yr hyn a hoffir – llaweroedd a'i mynnant;
    Mae'r chwannog yn farus, [a'r] hen yn fusneslyd.

19. Mae'r weilgi yn wyrdd; mae ton yn dra bywiog:
    Cwyno a wna pawb sy'n alarus;
    Aflawen yw'r hen [a'r] un heintus.

20. Mae ci bach yn chwyrnu; [llawn] gwenwyn yw neidr;
    Gellir myned trwy ryd gyda ffyn;
    Dyw y derbyniwr yn ddim gwell na lleidr.

21. Mae'r diriaid yn anserchog; pob ifanc yn wyllt;
    Mae henaint yn arwain i dlodi;
    Addfwyn ydyw dyn mewn gwledd o fedd.

'BIDIAU' 2

(LL.G.C., PENIARTH 3. KHJ, Rhif VIII
Gwelir fod amryw o'r englynion isod yn debyg i rai yn 'Bidiau' 1. O dro i dro
– yma ac ambell fan arall – amrywiwyd diweddariadau, i ddangos fod hynny'n
bosib.)

1. Gan iâr fe geir clwcian, [a] chan y glew ceir ymrafael;
    Mae yna ofal ar yr un sydd yn caru;
    Oherwydd galar mae calon yn torri.

2. Ceir 'Be-Be?' gan y byddar; anwadal yw'r ffŵl;
    Mae'r diriaid yn gecrus;
    Dedwydd ydyw'r sawl mae'r un a gâr yn ei weld.

3. Mae dyn y ffon-fagal yn ffyddlon; mae ceffyl yn tuthio;
   Mae mynach yn fachog;
   Mae'r dau-eiriog yn anffyddlon.

4. Mae marchog yn amlwg, gochelgar yw lleidr;
   Mae gwraig yn twyllo'r goludog;
   Cyfaill blaidd – bugail diog.

5. Mae'r weilgi yn wyrdd; mae ton yn llawn asbri;
   Mae pob un galarus yn cwyno;
   Aflawen ydyw'r heintus a'r hen.

6. Mae rhych yn wlyb; mae mechnïaeth yn aml;
   Mae ci bach yn chwyrnu, llawn gwenwyn yw gwrach;
   Cwyno mae'r claf, [a] llawen yw'r iach.

7. Mae ci bach yn chwyrnu, gwenwynig yw neidr;
   Gellir nofio y rhyd gyda phrennau;
   Nid yw derbyniwr yn [ddim] gwell na lleidr.

8. Mae'r diriaid yn surbwch, pob un eiddgar yn fywiog;
   Mae henaint yn [arwain] i dlodi;
   Mewn gwledd o fedd ceir rhai o anrhydedd.

9. Mae llyn yn ddwfn, [a] gwaywffyn yn llym;
   Mae gan y glew ffyrnigrwydd llew mewn brwydyr;
   Mae'r dedwydd yn ddoeth, [a] Duw yn ei noddi.

10. Mae meichichiad yn llawen – fe gyfyd y gwynt:
    Y mae'r dedwydd yn *llwyddo*,
    Arferol ydyw aflwydd i rai sydd yn ddiriaid.

11. Mae ceisbwl yn gyhuddgar, [a] gŵydd yn ymladdgar;
    Ffitio'n glòs y mae dillad;
    Mae rhoddwr [hael] yn caru bardd.

12. Mae gwylan yn wyn, [a] swnllyd yw'r don;
    Mae gwaed yn staen ar waywffon onn;
    Llwyd ydyw rhew, [a] glew ydyw'r galon.

13. Mae pennaeth yn wrol, ac eiddgar ei fryd,
    Mae'n gleddyfwr wrth amddiffyn;
    Y sawl ni roddo ni cheidw'i anrhydedd.

14. Pigog yw eithin, a diarth ydyw'r alltud;
    Y mae ffŵl yn chwannog i chwerthin;
    Mae'r rhos yn llwm, [a] chwerw yw cennin.

'GNODIAU'

(COCH. KHJ: Rhif IV. NJ: Rhif IV
Adnabyddir y gyfres hon fel y 'gnodiau' am fod y llinell gyntaf mewn amryw
o'r englynion yn dechrau gyda'r gair 'gnawd', gair sydd yn golygu 'arferol'.
Lluosog y gair hwnnw ydi 'gnodiau'.)

1. Arferol ydyw gwynt o'r deau; arferol ydyw claddu
                                                mewn llan;
   Arferol i ŵr gwan fod yn denau;
   Arferol i ddyn ydyw gofyn am chwedlau;
   Arferol i fab ar faeth ydyw moethau.

2. Arferol ydyw gwynt o'r dwyrain; arferol i un cefnstiff
                                                ydyw bod yn un balch;
   Arferol ynghanol drain ydyw mwyalch;
   Arferol rhag trahauster ydyw galarnadu;
   Arferol yn y wig yw i frain gael cig.

3.   Arferol ydyw gwynt o'r gogledd; arferol yw i ferched fod
                                        yn ddymunol;
     Arferol yng Ngwynedd ydyw gŵr teg;
     Arferol i deyrn yw darparu gwledd;
     Arferol wedi diod yw penwendid.

4.   Arferol ydyw gwynt o'r môr; arferol ydyw llanw'n dygyfor;
     Arferol i hwch ydyw magu llau;
     Arferol i foch ydyw turio am gnau;

5.   Arferol ydyw gwynt o'r mynydd; arferol mewn bro
                                       ydyw diogyn;
     Arferol mewn corsydd yw cael [defnydd at] do;
     Arferol ydyw magu mynach ar laeth;
     Arferol ydyw dail, a gwiail, a gwŷdd.

6.   Arferol, o fastardaeth, yw fod gwŷr yn ddi-foes,
     A gwragedd yn ddrwg o'u magu ar fedd,
     A chyni ar ŵyr a gorwyr yn waeth-waeth.

7.   Arferol ar flaen derwen ydyw nyth[od] eryr[od];
     Ac mewn tŷ-cwrw ddynion siaradus;
     [Ac] edrych [tra] chwrtais ar yr un a gerir.

8.   Arferol yw dydd a llifogydd yng ngerwinder y gaeaf;
     Parablus ydyw arglwyddi;
     Arferol i aelwyd ddi-ffydd fod yn ddiffaith.

9.   Crin ydyw'r hesg, mae llif yn y nant;
     Marchnata gydag arian wna Sais;
     Di-serch ydyw mam plant drwg.

[Y mae nifer yr englynion a'u rhifau yr un fath gan Jackson a Jacobs hyd yma.
Nodir sut y mae hi o hyn ymlaen.]

[KHJ yn unig. Fe geir yr englyn yn 'Cân yr Henwr' (Llywarch) hefyd.]

10. Y ddeilen hon, y mae'r gwynt yn ei chwyrlïo,
    Gwae hi oherwydd ei thynged!
    Mae hi'n hen – eleni y'i ganed.

[KHJ 11; NJ 10]

    Er mai bychan ydyw [nyth], yn gelfydd
    Yr adeilada adar ar gyrion y coed:
    Cymdeithion fydd y dedwydd a'r da.

[KHJ 12; NJ 11]

    Oer a gwlyb ydyw'r mynydd, [ac] oerlas ydyw'r iâ:
    Ymddiried yn Nuw ni'th dwylla;
    Ni adawa hir bla hir bwyll.

CALAN GAEAF

(COCH. KHJ: Rhif V. NJ: Rhif V)

1. Calan gaeaf, caled yw'r grawn;
   Dail ar gychwyn, pwll yn llawn;
   Y bore cyn ei fyned –
   Gwae'r un a ymddirieda i estron.

2. Calan gaeaf, cain ydyw [rhywbeth sy'n] gyfrin;
   Y mae awel a drycin yr un mor chwim;
   Gwaith celfydd ydyw celu cyfrinach.

3. Calan gaeaf, hyddod yn fain,
   Melyn blaen bedw, yr hafod sy'n weddw;
   Gwae'r un sy'n haeddu cywilydd am fan[ion].

4. Calan gaeaf, crwm yw blaen y tyfiant:
   Arferol o ben y diriaid ydyw terfysg;
   Lle ni fo dawn, ni fydd dysg.

5. Calan gaeaf, yr hin yn arw;
   Annhebyg yw hyn i ddechreuad yr haf;
   Ar wahân i Dduw, nid oes yr un dewin.

6. Calan gaeaf, melys eu cân ydyw'r adar;
   Byr ydyw'r dydd, [ac] uchel [eu cân] ydyw'r cogau:
   Am ddarparu trugaredd, Duw ydyw y gorau.

7. Calan gaeaf, porfa gras;
   Du iawn ydyw'r frân, chwim iawn yw'r egnïol;
   Am gwymp yr hen, gwenu 'wna llanc[iau].

8. Calan gaeaf, cul ydyw'r carw;
   Gwae y gwan pan ydyw'n sorri; byr fydd y byd;
   Gwir yw, mai gwell yw graslonrwydd na harddwch.

9. Calan gaeaf, mae'n llwm ar ôl llosgi; [= creithio <goddeithio]
   Mae arad' mewn rhych, ac ych wrth ei waith;
   O [sawl] cant, peth prin yw cydymaith.

CALAN GAEAF A'R MISOEDD

(LL.G.C., PENIARTH 102. NJ: Rhif VI)

1. Calan gaeaf yw hi heno;
   Cul ydyw'r ewig, llwyddiannus ydyw'r rhai rhagorol;
   Mae'r ddaear yn ffrydio; mae pob un noeth yn haeddu
   [rhywbeth].

2. Calan gaeaf, mae'r gwartheg yn glyd;
   To tas sydd yn dyllog, llawn rhyfel yw'r rhyd;
   Rhybudd i'r diedifar – ' thâl hynny ddim byd.

3. Calan gaeaf, hesg yn gras;
   Du yw plu brân, arferol yw i'r cadarn fod yn un chwim;
   Am gwymp yr hen, gwenu 'wna llanc[iau].

4. Calan gaeaf, mae'n llwm ar ôl llosgi; [= creithio]
   Mae arad' mewn rhych, ac ych wrth ei waith;
   O [sawl] cant, peth prin yw cydymaith.

5. Calan gaeaf, prynhawn garw iawn;
   Llwm yw blaen y tyfiant, mae pysgod mewn eigion;
   Gwae hwnnw a wnêl dro gwael am dro da.

6. Calan gaeaf, gwlyb ydyw'r rhychau;
   Y mae'r nentydd yn rhaeadrau, [a] bri sydd ar swyddau;
                              [= hawl i fynd i lysoedd]
   Rhaid fydd talu iawn am y gau.

7. Calan gaeaf, rhewa barrug;
   Di-ddail ydyw'r rhiw; mae'r buchod mewn cysgod:
   Nid am hir y gwobrywir neb tlawd.

8. Calan Tachwedd, twym ydyw y baddon;
   Nid yw'n arferol i ddifenwi'r galluog;
   Ni chytuna hun a haint.

9. Calan Ionawr, caiff ceffyl ei besgi;
   Arferol ydyw awel yn [erbyn] colofn[au];
   Ni fydd un dialydd yn ddiofn.

10. Calan Chwefror, chwerw yw awel ar awr blygain;
    Y sawl yr ymwelwyd ag o, ni fydd dianc iddo
    Yn nydd dial mawr yr Arglwydd.

11. Calan Mawrth, tarth [yn y bore], erydr [mewn rhych];
    Chwiban ydyw cri'r ehedydd:
    Fe elwir Gilfaethwy yn hydd.

12. Calan Ebrill, y gog ar ei hynt ...
    Gwenyn sydd yn magu'n gryf;
    Dyletswydd pendefig yw bod ar y blaen.

13. Calan Mai, [ac] egin yn gryf;
    Cymdeithgar yw'r hydd, a chwim ydyw'r march;
    Ymosod yn fore sydd yn fwyaf arferol.

14. Calan Mehefin, coda'r hydd yn foreol,
    Am hir fe fydd wrthi yn crwydro:
    Y galon nad yw hi yn llwyddo, gadewch iddi hi huno.

15. Calan Gorffennaf, gwyrda ar gychwyn;
    ....
    ....

16. Calan Awst, amser [bwyta] cig sy'n ffresh;
    Hir fydd dig pob un sy'n alltud;
    Mae pawb yn arglwydd ar beth bynnag a feddo.

17. Calan Medi, llafurus yw llaw yn y bore;
    .... yr haul [sydd yn] loetran:
    Arferol yw i'r dewr fedru dianc mewn cad.

18. Calan Hydref, gwynt yn sicir;
    Arferol ydyw haid o geirw ar gyfebru:
    Gwneud hwyl am ben mam fechan wna plant.

19. Calan gaeaf, llwm blaen [pob] tyfiant;
    Arferol o geg y diriaid ydyw terfysg;
    Lle y bo dawn, [yno] bydd dysg.

20. Rhagorol yw ymchwydd y môr, cryg ydyw gwaedd y don,
    Gwasgaredig ei gorchudd:
    Gwae'r hwn a ddigio Dduw, heb gredu ynddo.

21. Gwyrdd ydyw'r don, cryg ydyw gwaedd yr wylan;
    Afrifed yw tonnau wrth ochor y glannau;
    Diwedd hoedl dyn – Duw sydd yn rhannu hynny.

22. Haid o hyddod mewn lle diffaith, dal ati am hir
                                        y mae ceffyl;
    Cynhaeaf brwydr sydd yn egr:
    Arferol yw i aelwyd ddi-ffydd fod yn ddiffaith.

BAGLAWG BYDDIN

(COCH. KHJ: ll. NJ: Rhif VII
Byddin sydd, yn llythrennol, yn cario 'baglau' – y gair sydd mewn 'ffon fagl' – a
geir yma, ond bod y 'baglau', yn fwy cymwys, yn cael eu deall fel 'gwaywffyn'.)

1. Cario gwaywffyn y mae byddin, blaendarddu mae'r onn;
   Mae hwyaid ar lyn, a graen gwyn ar y don:
   Trech na chant ydyw cyngor y galon.

2. Hir ydyw'r nos, mae'r morfa'n atseinio;
   Arferol mewn torf ydyw terfysg;
   Ni all y da a'r diriaid gyd-fyw.

3. Hir ydyw'r nos, atseinio mae'r mynydd;
   Mae'r gwynt yn chwibanu uwch blaen[au] y coedydd;
   Ni all drwg natur [fyth] dwyllo y dedwydd.

[Y mae arlliw rhyw chwedl yn englynion 4–6]

4. Gwiwail cryfion y bedw'n frigleision
   A dynna fy nhroed i o stwffwl [yn rhydd]:
   Paid [byth] â datgelu cyfrinach i was.

5. Gwiail cryfion coed derw mewn llwyn
   A dynna fy nhroed i o gadwyn;
   Paid [byth] â datgelu cyfrinach i forwyn.

6. Gwiail cryfion y dderwen â'i dail hi yn sisial
   A dynna fy nhroed i o garchar;
   Paid [byth] â datgelu cyfrinach i brebliwr.

7. Gwiail cryfion y drysi a mwyar arni:
   Ni fydd na mwyalch ar ei nyth
   Na chelwyddog dawel fyth.

8. Glaw allan, gwlycha'r rhedyn;
   Gwyn yw gro'r môr wrth odre'r ewyn:
   Cannwyll deg yw pwyll i ddyn.

9. Glaw allan, pell o glydwch;
   Melyn yw'r eithin, crin ydyw'r efwr:
   O, Arglwydd Dduw, pam y creaist ti'r llwfwr?

10. Glaw allan, gwlycha fy ngwallt;
    Cwynfanus yw'r gwan, a serth ydyw gallt;
    Gwelw-wyn ydyw'r weilgi, a'r heli sy'n hallt.

11. Glaw allan, gwlycha'r eigion;
    Chwibana'r gwynt uwch blaen yr hesg:
    Gweddw pob camp heb ei dawn.

GORWYNION

(COCH. KHJ: Rhif VI. NJ: VIll
'Gorwynion': dyma ffurf luosog y gair 'gorwyn' a all olygu 'gwyn iawn; disglair',
neu 'hyfryd'.)

1. Hyfryd iawn yw blaen onn, hirwynion a fyddant
   Pan dyfant hwy ym mlaenau nentydd:
   Llond y galon ydyw hiraeth mewn henaint.

2. Hyfryd iawn yw blaen nentydd, hir yw oriau mân y bore:
   Edmygir popeth celfydd;
   Mae ar ferch ddyled o huno i haint.

3. Hyfryd iawn yw blaen helyg, [a] bywiog yw pysgod
                                              mewn llyn;
   Chwibana'r gwynt uwch blaen mân dyfiant:
   Trech ydyw anian nag addysg.

4. Hyfryd iawn yw blaen eithin, [a rhannu] cyfrinach
   ag un doeth,
   Ond surbwch ydyw yr annoeth:
   Ar wahân i Dduw nid oes un dewin.

5. Hyfryd iawn yw blaen meillion, digalon yw'r llwfr;
   Lluddedig ydyw'r rhai eiddigeddus;
   Arferol yw gofalon un eiddil.

6. Hyfryd iawn yw blaen hesg, mae'r eiddigeddus yn ffyrnig,
   Prin iawn ydyw'r hyn a'i digona;
   Gweithred y call ydyw caru yn iawn.

7. Hyfryd iawn ydyw pennau'r mynyddoedd; oherwydd
   terfysgoedd y gaeaf
   Crin ydyw'r hesg: difrif ydyw gwedd y dyn call;
   Rhag newyn nid oes 'na wyleidd-dra.

8. Hyfryd iawn yw pennau'r mynyddoedd; cryf ydyw
   oerfel y gaeaf;
   Crin ydyw'r hesg, mae ffroth ar y medd:
   Garw [iawn] ydyw gwall mewn alltudiaeth.

9. Hyfryd iawn yw blaen coed derw, [a] chwerw
   yw brig yr onn;
   O flaen hwyaid fe wasgara'r don:
   Rhagorol yw pwyll; hir ydyw'r pryder yn fy mron.

10. Hyfryd iawn yw blaen coed derw, [a] chwerw
    yw brig yr onn;
    Melys ydyw'r efwr, chwerthinog y don:
    Ni chêl grudd gystudd calon.

11. Hyfryd iawn ydyw'r egroes: nid oes moes mewn caledi;
    Boed i bob un gadw ei ffydd;
    Yr anaf gwaethaf [un] ydyw anfoes.

12. Hyfryd iawn yw blaen banadl – man cyfarfod i'r serchog;
Melyn iawn yw canghennau'n blaendarddu;
Bas ydyw'r rhyd: arferol i'r dymunol yw medru cysgu.

13. Hyfryd iawn yw blaen afallen: call iawn yw pob dedwydd.
Dymunol ydyw nwyfiant i'r 'un arall' –
Ac wedi iddo garu, gadael gwall.

14. Hyfryd iawn yw blaen afallen: call iawn yw pob dedwydd;
Hir ydyw'r dydd, [a] drwg ydyw'r diogyn;
Mae barrug ar wawr; carcharor yw'r dall.

15. Hyfryd iawn yw blaen collen wrth ymyl Bryn Digoll:
Diofal yw pob un sydd yn jolpyn;
Gweithred un cadarn ydyw cadw ei air.

16. Hyfryd iawn yw blaen corsydd; arferol i'r araf yw bod
                                                           yn ddi-hwyl,
A'r ieuanc yn un sydd yn dysgu;
Dim ond yr un ffôl wnaiff dorri addewid.

17. Hyfryd iawn yw blaen iris; i bob un dewr y mae bwtler;
Mae gair milwyr y llys yn un cadarn;
Arferol gan yr anghywir ydyw torri ei air.

18. Hyfryd iawn yw blaen grug: arferol i lwfr fod yn dda
                                                           i ddim byd;
Cryf fydd y dŵr ar ochor y lan;
Arferol gan un cywir ydyw cadw ei air.

19. Hyfryd iawn yw blaen brwyn, [a] ffrwythlon yw buchod:
Llifo wna fy nagrau i heddiw;
Gofal am un dyn, nid yw hynny yn tycio.

20. Hyfryd iawn yw blaen rhedyn, [a] melyn ydyw
                                    mwstard gwyllt:
    Mor ddi-warth ydyw deillion!
    Rhedegog a phatjiog yw hogiau.

21. Hyfryd iawn yw blaen y griafolen: arferol ar yr hen
                                        yw pryderon,
    Ac [arferol] mewn mannau gwyllt ydyw gwenyn:
    Ar wahân i Dduw does yna ddim dial.

22. Hyfryd iawn yw blaen derwen, [tra] swnllyd yw drycin;
    Mae gwenyn yn uchel, mae'r gingroen yn grin:
    Arferol gan y trythyll ydyw gormod o chwerthin.

23. Hyfryd iawn yw blaen celli, o'r un hyd ydyw'r gwŷdd,
    A dail y deri a gwympa:
    Y sawl a welo'r un a garo, gwyn ei fyd.

24. Hyfryd iawn yw blaen derwen, oer ei ferw yw'r dwfr;
    Cyrcha'r buchod flaenau'r tir bedw:
    Fe bery saeth i'r balch dristwch [mawr].

25. Hyfryd iawn yw blaen celyn: un caled yw'r cybydd,
    Ond eraill sy'n agored [eu llaw] gydag aur:
    Pan fydd pawb yn cysgu ar wely,
    Ni chysga Duw pan ydyw'n gwaredu.

26. Hyfryd iawn yw blaen helyg, cryf a gwerthfawr yw ceffyl:
    Hir ydyw y dydd i'r rhai sydd wedi eu dal;
    Dyw'r un sy'n caru cyfaill ddim yn ei ddirmygu.

27. Hyfryd iawn yw blaen brwyn, llawn pigau a fyddant
    Pan danner hwy dan obennydd:
    Meddwl y serchog – bonheddig a fydd.

28. Hyfryd iawn ydyw blaen y fiaren, cryf [ar] redfa yw ceffyl:
    Arferol i'r serchog ydyw bod yn canlyn;
    Fe wna y da negesydd diwyd.

29. Hyfryd iawn ydyw blaen berw'r dŵr, gyda byddinoedd
                                            y ceir ceffyl;
    Swynol yw cân y coed i'r un unig:
    Mae'r meddwl yn chwerthin gyda'r un 'mae'n ei garu.

30. Hyfryd iawn yw blaen perth, gwerthfawr iawn ydyw ceffyl:
    Gyda nerth, peth da ydyw pwyll;
    Fe bery anghelfyddyd wendid[au].

31. Hyfryd iawn yw blaen perthi, swynol-gân ydyw adar;
    Hir ydyw'r dydd; dawn sydd yn amlwg:
    Darpariaeth trugaredd Duw ydyw'r orau.

32. Hyfryd iawn yw blaen erwain, ac elain mewn llwyn;
    Cynddeiriog yw'r gwynt, coed *yn awr sy'n llawn cyffro*:
    Eiriol dros un ni cherir ni lwydda.

33. Hyfryd iawn yw blaen ysgawen; arbennig ydyw cyfoeth
                                            yr unig:
    Arferol yw i dreisiwr dreisio;
    Gwae'r un sy'n dwyn cynhaliaeth y gwan.

'ENGLYNION' Y MISOEDD

(AMRYW LAWYSGRIFAU. KHJ: Rhif IX. NJ: Rhif XII)

1. Mis Ionawr, myglyd yw'r dyffryn;
   Blin ydyw'r bwtler, trallodus y clerddyn;
   Cul ydyw'r frân, anaml su gwenyn;
   Hesb ydyw'r fuches, di-wres ydyw'r odyn;
   Gŵr drwg sy'n un gwael i fynd ar ei ofyn;
   Gwae'r hwn a garo ei dri gelyn;
   [tri gelyn = byd, cnawd, diafol?]
   Y gwir a ddywedodd Cynfelyn:
   'Gorau cannwyll – pwyll i ddyn'.

2. Mis Chwefror, gwledd sy'n anaml;
   Llafurus ydyw rhaw ac olwyn;
   Arferol yw gwarth os rhy aml fydd cynllwyn;
   Gwae'r hwn heb achos sy'n mynd ati i achwyn;
   Tri pheth sydd a faga ddrwg wenwyn,
   Sef cyngor gwraig, a thwyll, a chynllwyn.
   Ceir pen ci haul ar fore o wanwyn. [ci haul = enfys]
   Gwae'r un a laddodd/drawodd ei forwyn.
   Diwedd dydd, da 'fydd i'r addfwyn.

3. Mis Mawrth, mawr ydyw twrw yr adar;
   Chwerw ydyw'r oerwynt ar ben talar;
   Hwy fydd o hindda nag o gnydau;
   Hwy y pery llid na galar;
   Pob peth byw sy'n ofni gelyn;
   Fe edwyn pob 'deryn ei gymar;
   Pob peth a ddaw drwy'r ddaear
   Ond y marw mawr ei garchar.

4. Mis Ebrill, cymylog ydyw yr ucheldir;
   Lluddedig ydyw'r ychen, [a] llwm ydyw'r tir;
   Gwael ydyw'r hydd, chwareus ydyw'r glust-hir;
   [clust-hir = ysgyfarnog]
   Arferol ydyw gwestai, er nas gwahoddir;
   Aml yw bai pawb lle na cherir;
   Gwyn ei fyd y sawl sydd yn gywir;
   Arferol ydyw difrod ar blant yr un anwir;
   Arferol wedi traha ydyw tranc hir.

5. Mis Mai, difrodus yw'r bachgen sy'n gyrru y wedd;
   I'r sawl sy'n ddigariad, clyd ydyw pob clawdd;
   Llawen ydyw'r hen heb ganddo un cerpyn;
   Mae'r coed yn dra deiliog, yr anllad yn hyfryd;
   Hawdd ydyw cymodi lle bydd yna gariad;
   Llafar yw'r gog a [hefyd] fytheiad;
   Nid hwyrach yn y farchnad
   Groen yr oen na chroen y ddafad.

6. Mis Mehefin, hardd ydyw y tiroedd;
   Llyfn ydyw'r môr, llawn *llamhidyddion*;
   Hir, cain ydyw'r dydd, [a] heini yw'r gwragedd;
   Llawn iawn ydyw'r praidd, cerddadwy yw'r corsydd;
   Duw sy'n caru pob tangnefedd,
   [A']r diawl sy'n peri pob anghydfod;
   Mae pob un yn chwenychu anrhydedd;
   Pob un cadarn, gwan ydyw ei ddiwedd.

7. Mis Gorffennaf, hawdd cario y gwair;
   Taer iawn ydyw'r tes, wedi toddi mae'r cesair;
   Ni chara y gwylliad [fod] heddwch am hir;
   Ni lwydda hil yr un sy'n anniwair;
   Llwyr ddial ar ymffrost a wna gwarth;
   Llwm ydyw yr ydlan, hanner gwag y mân-ffeiriau.
   Gwir a ddywedodd mab maeth Mair:
   'Duw sy'n barnu, [a] dyn yn llefaru.'

8. Mis Awst, mae'r morfa'n *doreithiog*;
   Llon ydyw'r gwenyn, llawn ydyw [eu] cychod;
   Gwell ydyw gwaith cryman na gwaith gyda bwa;
   Amlach yw'r [dyrfa] wrth das na'r chwaraefa:
   Yr un na lafuria, ac na weddïa,
   Nid teilwng iddo fo gael ei fara;
   Y gwir a ddywedodd Sain Brenda:
   'Nid llai y cyrchir y drwg na'r da.'

9. Mis Medi, yn ôl geiriau y Canon:
   'Aeddfed ydoedd ŷd ac aeron.
   Oherwydd hiraeth, gwae fy nghalon;
   Mae golwg Duw ar y [rhai sy'n] dlodion;
   Mae'r gwir yn waeth drwy warthrudd dynion,
   Y da yn waeth drwy [dyngu] anudon;
   Traha a threisio'r diniwed [a'r gwirion]
   A ddifetha'r etifeddion.'

10. Mis Hydref, ôl traul mawr sydd yna ar echel;
    Mae'r hydd yn chwareus, a chwyrn yw yr awel;
    Arferol yw aroglau dinistrio mewn rhyfel;
    Arferol yw i ladrata gael ei ddatgelu;
    Gwae y diriaid nad yw'n malio beth a wnêl;
    Trychineb – nid hawdd yw ei gochel;
    Angau i bawb sydd yn [sicir], ddiogel,
    [Ond] amheuaeth a fydd am y dydd y dêl.

11. Mis Tachwedd, y dyn swrth sydd wrthi hi'n tuchan;
    Mae llydnod yn fras, hanner noeth ydyw'r coedydd;
    Yr awr [honno] a ddaw trwy lawenydd –
    Daw awr drist drosti hi [wedyn] yn [ebrwydd].
    Y da nid ydyw yn eiddo y cybydd –
    Yr hael a'i rhoddo, eiddo hwnnw a fydd.
    Dyn a da'r byd [yma, hynny] a dderfydd:
    Da nefol, tragwyddol a fydd.

12. Mis Rhagfyr, byr y dydd a hir y nos;
   Brain yn yr egin, brwyn ar y rhos;
   Tawel ydyw gwenyn ac eos;
   Bydd cwffio ar gyfeddach cyn diwedd y nos;
   Mae adeiladau y dedwydd yn ddiddos,
   I'r diriaid daw adfyd, [a hynny] heb achos;
   Yr hoedl, er hyd ei haros,
   A dderfydd yn y dydd neu'r nos.

ENGLYNION Y 'CLYWAID'

(LLYFR COCH TALGARTH. MH: Rhif 31
Ffurf luosog ar 'clywed' ydi 'clywaid'. Y mae amryw o'r llefarwyr yn y gyfres
hon o englynion un ai'n seintiau neu'n gymeriadau chwedlonol.)

1. A glywaist ti'r hyn 'ganodd Cynwyd
   Ac yn clywed 'rhyn ddywedwyd?
   'Y gamp orau ydyw cadw.'

2. A glywaist ti'r hyn 'ganodd Cynrain,
   Pen cynghorwr Ynys Prydain?
   'Gwell ydyw cadw nag erlid.'

3. A glywaist ti'r hyn 'ganodd Idloes,
   Gŵr gwâr, cariadus ei einioes?
   'Y llwyddiant gorau? Cadw moes.'

4. A glywaist ti'r hyn 'ganodd Cynllwg,
   Gŵr sanctaidd [ac] eang ei olwg?
   'Fe gafodd o dda [os] na chafodd o ddrwg.'

5. A glywaist ti'r hyn 'ganodd Meugant
   Wrth ysgaru â'i elynion?
   'Cywilyddir plant yr anwir.'

6. A glywaist ti'r hyn 'ganodd Carcu
   Ar ôl i'r fyddin gael ei threchu?
   'Nid ydyw dod yn well yn warth.'

7. A glywaist ti'r hyn 'ganodd y fronfraith?
   'Pan yn teithio dros dir diffaith,
   Na foed dy elyn i ti yn gydymaith.'

8. A glywaist ti'r hyn 'ganodd y frân?
   'Hel di gynnud i gynnau [dy] dân;
   Gwell rhy gadarn na rhy druan.'

9. A glywaist ti'r hyn 'ganodd Cadgyffro
   Hen, wrth iddo ddarllen llyfyr Cato?
   'Nid da fu hwnnw na fu'n Gymro.'

10. A glywaist ti'r hyn 'ganodd y gnocell?
    'Bydd ddewr, a ddim yn ysgethrin;
    Na foed dy wraig di'n un sy'n rhannu dy gyfrinach.'

11. A glywaist ti'r hyn 'ganodd Urien
    Ynghyd â'r pethau amgen 'genir?
    'Fe ddichon Crist wneud trist yn llawen.'

12. A glywaist ti'r hyn 'ganodd Cynfarch?
    'Boed dy darian ar dy farch;
    Na pharcha y sawl nad yw'n rhoi iti barch.'

13. A glywaist ti'r hyn 'ganodd Dewi,
    Gŵr sanctaidd, un o eang deithi?
    'Y ddefod orau yw daioni.'

14. A glywaist ti'r hyn 'ganodd Teilo,
    Gŵr [oedd hwn] a fu'n penydio?
    'Yn erbyn Duw nid da ymdaro.'

15. A glywaist ti'r hyn 'ganodd Padarn,
    Pregethwr [oedd], un cywir, cadarn?
    'Ar yr hyn a wnêl dyn, Duw a rydd farn.'

16. A glywaist ti'r hyn 'ganodd Andras
    A gafodd ar y groes ei ladd?
    'Duw a farnodd, nef a gafodd.'

17. A glywaist ti'r hyn ' ganodd Martin,
    O sanctaidd gyfrinach, un ydoedd fel brenin?
    'Ac eithrio Duw nid oes un dewin.'

18. A glywaist ti'r hyn 'ganodd Gwynlliw,
    Tad Cadog, un cywir wrth edliw?
    'Addewid na chyflawnir, nid yw hi o werth.'

19. A glywaist ti'r hyn 'ganodd Anarawd,
    Milwr enwog, nad ydoedd yn dlawd?
    'Gydag ynfytyn rhaid meddwl yn sydyn.'

20. A glywaist ti'r hyn 'ganodd Gwrhir,
    Lladmerydd pob un a fedrai iaith?
    'Yr hwn sy'n twyllo, hwnnw a dwyllir.'

21. A glywaist ti'r hyn 'ganodd Geraint
    Mab Erbin, un cywir [iawn] a chywrain?
    'Byr yw oes hwnnw sy'n gas wrth y saint.'

22. A glywaist ti'r hyn 'ganodd Rhydderch,
    Un o'r Tri Hael, un tanllyd ei serch?
    'Arferol yw cas mawr ar ôl gormod o serch.'

23. A glywaist ti'r hyn 'ganodd Hygwydd,
    A fu, un tro, mewn [uchel] swydd?
    'Arferol wedi traha yw tramgwydd.'

24. A glywaist ti'r hyn 'ganodd Ffolwch
    Wrth addef ei fod yn edifar?
    'Arferol ar ôl drwg mawr ydyw edifeirwch.'

25. A glywaist ti'r hyn 'ganodd Cormac –
    Y gyfraith frenhinol, bu hwn yn ei hannog?
    'Pob un fu'n hir ladrata, fe gaiff hwnnw fod ynhgrog.'

26. A glywaist ti'r hyn 'ganodd Eilerw
    Oedd yn farchog balch [iawn] a chariadus?
    'Hir y cnöir ar damaid chwerw.'

27. A glywaist ti'r hyn 'ganodd Ysberir
    Wrth iddo fo ymddiddan â meinir?
    'Câr cywir, mewn ing y'i gwelir.'

28. A glywaist ti'r hyn 'ganodd Heledd
    Merch Cyndrwyn, mawr ei chyfoeth?
    'Nid rhoddi eiddo sy'n gwneud tlodi.'

29. A glywaist ti'r hyn 'ganodd y barcud,
    Aderyn ysglyfaethus dewr a gwrol?
    'Parod yw barn pob un sydd yn ffôl.'

30. A glywais ti'r hyn 'ganodd Haernwedd
    Fradog, rhyfelwr i frenhinoedd?
    'Trech yw nerth na'r gwir mewn rhyfeloedd.'

31. A glywaist ti'r hyn 'ganodd y pysgod
    Wrth droi a throsi yn yr hesg?
    'Trech fydd anian nag addysg.'

32. A glywaist ti'r hyn 'ganodd Huail
    Mab Caw, un gofalus o'i gyngor?
    'Mynych y syrthia gwarth o gesail.'

33. A glywaist ti'r hyn 'ganodd Bedwi
    A oedd yn esgob dawnus, difri'?
    'Gwna'n siŵr o dy air cyn iti ei roddi.'

34. A glywaist ti'r hyn 'ganodd Llywarch
    Oedd yn henwr cadarn, [gyda'r] dewra'?
    'Os nad wyt ti'n gwybod, gofynna.'

35. A glywaist ti'r hyn 'ganodd Afaon
    Fab Taliesin, [a wyddai am] ofynion cerdd?
    'Ni chela grudd gystudd calon.'

36. A glywaist ti'r hyn 'ganodd Ysgafnell
    Mab Dysgyfdawd, a gymellai ryfel[oedd]?
    'Nid anrhegir tlawd o [faith] bellteroedd.'

37. A glywaist ti'r hyn 'ganodd Rhioged
    Wedi iddo dderbyn teyrnged?
    'Ni chysga Duw pan rydd ymwared.'

38. A glywaist ti'r hyn 'ganodd y Gorres
    Wrth y gelain pan wnaeth hi ddigio?
    'Y sawl na charodd Grist [yw'r sawl] wnaeth ei groeshoelio.'

39. A glywaist ti'r hyn 'ganodd Bangar
    Mab Caw, [sef] milwr clodfawr?
    'Toredig fydd y galon gan alar.'

40. A glywaist ti'r hyn 'ganodd Hirerwm
    Wrth ei gyfaill o, Hiratrwm?
    'Pan drawo Duw, mae'n taro'n drwm.'

41. A glywaist ti'r hyn 'ganodd Goliffer
    Gosgorddfawr, gwych ei fyddin[oedd]?
    'Ni cherir y sawl nad yw'n caru y gwir.'

42. A glywaist ti'r hyn 'ganodd Beuno?
    'Cân di dy Bader a dy Gredo:
    Ffoi rhag angau nid yw'n tycio.'

43. A glywaist ti'r hyn 'ganodd y belau
    [A oedd] gydag adar yn chwarae?
    'Pob hir nychdod sy'n dyfod hyd angau.'

44. A glywaist ti'r hyn 'ganodd Dirmyg,
    Milwr doeth a detholedig?
    'Digonedd Duw sydd dda i'r unig.'

45. A glywaist ti'r hyn 'ganodd Culhwch
    Am ei henaint, am ei heddwch?
    'Mae'r dedwydd yn caru cymodi.'

46. A glywaist ti'r hyn 'ganodd Gwion
    Gwyliedydd golwg union?
    'Duw cadarn a farna bob peth sydd yn iawn.'

47. A glywaist ti'r hyn 'ganodd Llenlleog
    Wyddel, gŵr urddol [ac] eurdorchog?
    'Gwell ydyw bedd na bywyd anghenog.'

48. A glywaist ti'r hyn 'ganodd Cynon
    Wrth gadw draw rhag [unrhyw] feddwon?
    'Allwedd yw cwrw i [gyfrinach] y galon.'

49. A glywaist ti'r hyn 'ganodd Gwrhy?
    'Boed pawb yn llawen yn ei dŷ;
    Un wyneb trist – iddo fo fe ddaw drygioni.'

50. A glywaist ti'r hyn 'ganodd Hylwydd
    A oedd yn henwr call, cyfarwydd?
    'Nid treftadaeth yw anrhydedd arglwydd.'

51. A glywaist ti'r hyn 'ganodd Gwrgi,
    Un da ei farn wrth ymgynghori?
    'Ni raid i'r dedwydd ond ei eni.'

52. A glywaist ti'r hyn 'ganodd gŵr call
    Wrth gynghori'r ifanc anghall?
    'Y sawl a wna ddrwg, dioddefed ddrwg arall.'

53. A glywaist ti'r hyn 'ganodd Rhioged
    A oedd yn un ffyddlon, cyfiawn ei gred?
    'Y sawl a wna ddrwg, ymogeled.'

54. A glywaist ti'r hyn 'ganodd y canghellor
    Wrth sgwrsio â [merch] o liw y wawr?
    'Gyda'r un a gerir, y mae'r meddwl yn llon.'

55. A glywaist ti'r hyn 'ganodd Cynan,
    Arglwydd [tra] sanctaidd ei anian?
    'Dwg pob ffolineb ei gyfran.'

56. A glywaist ti'r hyn 'ganodd Cynllo,
    Gŵr [oedd o] a fu'n llafurio?
    'Drwg yw gwas sâl, [ond] gwaeth ydyw hebddo.'

57. A glywaist ti'r hyn 'ganodd Huarwar
    Wrth ymddiddan gyda'i gymar?
    'Dedwydd yw'r dyn mae pawb a'i gwêl yn ei garu.'

58. A glywaist ti'r hyn 'ganodd Gildas,
    Mab i Gaw, [a] milwr atgas:
    'Hir fydd casineb ar ôl dyrnod gan was.'

59. A glywaist ti'r hyn 'ganodd Garselid
    Wyddel, un diogel [iawn] wrth ymlid?
    'Drwg fydd pechod o'i hir erlid.'

60. A glywaist ti'r hyn 'ganodd Creiddylad
    Ferch Lludd, rhiain wastad?
    'Daioni a ddichon y ffyddlon sy'n gennad.'

61. A glywaist ti'r hyn 'ganodd Lliaws
    Mab Nwyfre, milwr hynaws?
    'Hwnnw a erlyno'n galed,
    Ymhob achos [ddêl] dadleued.'

62. A glywaist ti'r hyn 'ganodd Cyndrwyn,
    Tangnefeddwr da ac addfwyn?
    'Ni chwaraea hen gi gyda cholwyn.' [colwyn = ci bach]

63. A glywaist ti'r hyn 'ganodd yr Hen Gyrys?
    'Gwna di dy neges, [a gwna hi] ar frys,
    Gwell cyfaill mewn llys nag aur ar fys.'

64. A glywaist ti'r hyn 'ganodd Calco,
    Na fynnai o i neb ei dwyllo?
    'Gwell un "Hwde" na dau addo.'

65. A glywaist ti'r hyn 'ganodd Europa
    Mab Custeon, un sâl am letya?
    'Arferol o ben ffŵl ydyw traha.'

66. A glywaist ti'r hyn 'ganodd Eheubryd
    Mab Cyfwlch, un cyfiawn ei ysbryd?
    'Pryder dyn – Duw a'i gwareda.'

67. A glywaist ti'r hyn 'ganodd Drystan,
    Gobeithiwr [ydoed] prudd ei anian?
    'Cynhaliaeth dyn – Duw sy'n ei rhannu.'

68. A glywaist ti'r hyn 'ganodd Dremhidydd
    Hen, gwyliedydd ar geyrydd?
    'Gwell yw "Na", nag addo heb [wedyn] gywiro.'

69. A glywaist ti'r hyn 'ganodd Cywryd Caint
A ddioddefodd lawer haint?
'Gwae'r ieuainc sy'n dymuno henaint.'

70. A glywaist ti'r hyn 'ganodd Eilasaf?
'Peth prin ydyw dyn sy'n ddianaf,
Nid o'r un anian yw dyn iach ac un claf.'

71. A glywaist ti'r hyn 'ganodd y bioden,
Geilwad, [a] phroffwyd i rai sydd mewn tŷ?
'Nid mynachaeth yw stiwardiaeth [stad].'

72. A glywaist ti'r hyn 'ganodd Cadriaith
Fab Porthor, milwrol ei araith?
'Ni châr Duw y rhai diobaith.'

73. A glywaist ti'r hyn 'ganodd Gwenddolau
Wrth dramwyo drwy'r dyffrynnoedd?
'Pren mewn coed – un arall a'i piau.'

ENGLYNION SYDD Â CHYSYLLTIAD Â CHWEDLAU

TRI ENGLYN Y JUVENCUS

(Llyfrgell Prifysgol Caer-grawnt, Ff.4.42. Am destun gweler y cyfeiriad at Ifor Williams dan 'Naw Englyn y Juvencus', uchod, a JR: t.466)

1. Ni hir lefaraf *hyd yn oed am un awr* heno,
   Fy llu nid ydyw'n or-fawr –
   Mi a'm ffranc o amgylch ein crochan. [ffranc = milwr cyflog]

2. Ni chanaf, ni chwarddaf, ni lefaraf fi heno,
   Er inni yfed medd gloyw –
   Mi a'm ffranc o amgylch ein padell.

3. Nac arched neb gennyf fi lawenydd heno,
   Iselwael ydyw fy nghwmni:
   Gall dau arglwydd ymddiddan – dywedyd 'wna un.

ENGLYNION Y BEDDAU

(DU. AOHJ: Rhif 18. TJ
Y mae yma amryw gyfeiriadau at feddau cymeriadau chwedlonol. Y tebyg ydi, hefyd, fod yma dynnu sylw at hynodrwydd chwedlonol-'hanesyddol' mannau arbennig.)

1. Y beddau y mae'r glaw yn eu gwlychu –
   Gwŷr oeddynt heb arfer cael eu tarfu:
   Cerwyd a Chywryd a Chaw.

2. Y beddau a orchuddir gan ddrysni –
    Nis lladdwyd heb iddynt hwy ddial:
    Gwrien, Morien, a Morial.

3. Y beddau y mae'r gawod yn eu gwlychu –
    Gwŷr oeddynt na laddwyd mo'nynt hwy yn lladradaidd:
    Gwên a Gwrien a Gwriad.

4. Bedd Tydai Tad Awen
    Yn iseldir Bryn Aren:
    Lle y gwna don dwrw yno,
    Bedd Dylan sy yn Llan Feuno.

5. Bedd Ceri Gleddyf Hir yn iseldir Bryn Eglwys,
    Ar y gefnen raeanog,
    Tarw mewn brwydyr, ym mynwent Corbre.

6. Bedd Seithennyn uchel ei fryd
    Sydd rhwng Caer Gynidr a glan
    Y môr, arweinydd mawrfrydig.

7. Yn Aber Gwenoli
    Y mae bedd Pryderi;
    Lle y trawa tonnau'r tir
    Yng Ngharrog mae bedd Gwallog Hir.

8. Bedd Gwalchmai sydd ym Mheryddon
    Er c'wilydd i ddyneddon;
    Yn Llan Badarn mae bedd Cynon.

9. Bedd gŵr, un a urddwyd mewn cân, sydd mewn uchel
                                              dyddyn;
    Mewn isel orweddfan
    Mae bedd Cynon mab Clydno Eidyn.

10. Bedd Rhun fab Pyd wrth afon Ergryd
Mewn oerfel, mewn gweryd;
Mae bedd Cynon yn Rheon Ryd.

11. Pwy biau y bedd o dan y bryn?
Bedd gŵr grymus ymhob ymosod,
Cynon mab Clydno Eidyn.

12. Bedd mab Osfran sydd yng Nghamlan,
Ar ôl llawer cyflafan;
Bedd Bedwyr yng Ngallt Tryfan.

13. Bedd Owain ab Urien sydd ym mhedryal byd
Dan weryd Llan Forfael;
Yn Abererch – bedd Rhydderch Hael.

14. Wedi'r glas a'r coch a'r cain
A'r ceffylau mawr â'u gyddfau sythion,
Yn Llan Heledd – bedd Owain.

15. Ar ôl archollion a maes gwaedlyd,
A gwisgo harnais, a meirch gwynion;
Dyna yw hwn, [sef] bedd Cynddylan.

16. Pwy biau y bedd da ei geulu
A ddygai ar Loegyr grynó lu?
Bedd Gwên ap Llywarch Hen ydyw hwn.

17. Pwy biau y bedd yn yr ardal
'Orchuddir gan fôr a goror nant?
Bedd Meigen mab Rhun, arglwydd cant.

18. Pwy biau y bedd yn yr ynys
'Orchuddir gan fôr a goror diffwys?
Bedd Meigen mab Rhun, arglwydd llys.

19. Cul ydyw'r bedd ac [un] sydd yn hir
    Yn llwybyr lluoedd Amhir:
    Bedd Meigen ab Rhun, arglwydd cywir.

20. Tri bedd tri chadarn ar godiad y bryn,
    Ym Mhant Gwyn Gwynionog:
    Môr a Meilyr a Madog.

21. Bedd Madog, mur amlwg yng nghyfyngder brwydyr,
    Ŵyr Urien, yr un gwrol,
    Mab i Wyn o Wynllywg.

22. Bedd Môr mawrfrydig, diysig bennaeth,
    Piler [oedd] o mewn brwydro chwim,
    Mab Peredur Penweddig.

23. Bedd Meilyr Malwynog, salw [ydoedd] yn wastad
                                              ei synnwyr,
    Ymosodwr llwyddiannus mewn difrod,
    Mab ydoedd i Frwyn o Frycheiniog.

24. Pwy biau y bedd yn Rhyd Faen-Ced
    Sydd â'i ben tua'r goriwaered?
    Bedd Rhun mab Alun Dyfed.

25. Bedd Alun Dyfed yn y dreflan draw,
    Ni chiliai ef o frwydyr,
    Mab Meigen, un da ydoedd er pan y'i ganwyd.

26. Bedd Llia Wyddel yn mhellafoedd Ardudwy
    Dan y gwellt a'i gorchuddia;
    Bedd Epynt yn nyffryn Gefel.

27. Bedd Dywel mab Erbin ar wastatir Caeo;
    Ni fyddai o yn daeog i frenin,
    Un difai, ni ochelai ef frwydyr.

28. Bedd Gwrgi ysblennydd a'r dyn glew o Wynedd,
    A bedd Llawr, 'oedd i lu yn dywysog,
    Sydd yn ucheldir Gwanas Gwŷr.

29. Y beddau hir yng Ngwanas –
    Ni ddarganfu efô a fu'n eu hanrheithio
    Pwy oeddynt hwy, beth oedd eu neges.

30. Llu tŷ Oeth ac Anoeth a ddaeth yno
    At eu gŵr, [ac] at eu gwas:
    Y sawl a'u ceisio – cloddied Gwanas.

31. Bedd Llwch Llawengin ar afon Cerddennin,
    Pennaeth Saeson swydd Erbin,
    Ni fyddai o dri mis heb [fyned i] frwydro.

32. Y beddau yn Hirfynydd,
    Yn llwyr y gŵyr lliaws amdanynt;
    Bedd Gwrien, gŵr enwog am ddewrder,
    A Llwydog fab Lliwelydd.

33. Pwy biau y bedd yn y mynydd
    A arweiniasai fyddinoedd?
    Bedd Ffyrnfael Hael ab Hywlydd.

34. Pwy biau y bedd hwn? Bedd Eiddïwlch Hir,
    Yn ucheldir Pennnant Twrch,
    Mab Arthan – un grymus oedd o mewn cyflafan.

35. Bedd Lleu Llawgyffes o dan orchudd y môr,
    Lle y bu ei berthynas;
    Gŵr oedd hwnnw – [ei] hawl ni roddodd i neb.

36. Bedd Beidog Rudd yng nghyffiniau Rhiw Lyfnaw,
    Bedd Lluosgar yng Ngheri,
    Ac yn Rhyd Bridw bedd Omni.

37. Ymhell yn ôl a chuddiedig ei derfysg,
    Gweryd Machawy a'i cuddia:
    Hirwyn ydoedd bysedd Beidog Rudd.

38. Ymhell ar ôl ei derfysg a'i gyfoeth,
    Daear Machawy sydd arno,
    [Sef] Beidog Rudd ab Emyr Llydaw.

39. Bedd pennaeth o Brydyn yn nhir agored Gwynasedd,
    Lle yr â Lliw i Lychwr;
    Yng Nghelli Friafael mae bedd Gyrthmwl.

40. Y bedd yn Ystyfachau
    Y mae pawb yn ei amau –
    Bedd Gwrthëyrn Gwrthenau.

41. Ci bach a uda yn niffeithdir yr haid o fleiddiaid draw
    Uwchben bedd un alltud,
    Bedd Cynddilig mab Corgnud.

[Yn englyn 42 a 43, y mae Elffin yn gofyn i rywun pwy biau bedd neu feddau
– hynny er mwyn rhoi prawf ar ei allu barddol (a dewinol). Y mae'n debyg
mai'r Taliesin chwedlonol oedd y 'rhywun' hwn.]

42. Fe'm dug i (Elffin) i brofi fy mardd-rin
    Yn gyntaf uwchben pennaeth:
    Bedd Rhufawn, arweinydd llu [helaeth].

43. Fe'm dug i (Elffin) i brofi fy mardd-rin
    Yn gyntaf uwchben pennaeth:
    Bedd Rhufawn yn rhy ifanc ddaearwyd.

44. Bedd i Farch, bedd i Wythur,
    Bedd i Wgon Gleddyfrudd:
    Rhyfeddod y byd [fyddai] bedd i Arthur.
    neu Boed iddo fo, bedd i Arthur, fod [am byth]
                                              yn rhyfeddod.

45. Bedd Elchwith y mae'r glaw yn ei wlychu,
    Mae Maes Meueddog o dano;
    Roedd hawl gan Cynan i alaru amdano.

46. Pwy biau y bedd hwn, a hwn?
    Gofyn imi, mi a'i gwn:
    [Ei] fedd ef, bedd Eiddew, oedd hwn,
    A bedd Eidal, rhagfur cadarn.

47. Eiddew ac Eidal, grymus alltudion,
    Cenawon â tharianau wedi'u malurio;
    Maga meibion Meigen feirch ar feysydd.

48. Pwy biau y bedd hwn? Bedd Brwyno Hir,
    Grymus ei gyfiawnder oedd yn ei fro:
    Ni fyddai ffoi lle byddai o.

49. Pwy biau y bedd hwn?
    Un o natur baedd gwyllt dan ergydion.
    Wrth dy ladd fe chwarddai o.

50. Bedd Silidd ffyrnig sydd yn Edrywy,
    Bedd Llemenig yn Llanelwy;
    Ym Mryn Gwernin – bedd Eilinwy.

51. Bedd milwr hardd; arferol o'i law ef ydoedd celain
    Cyn bu taw arno fo o dan feini:
    Llachar mab Rhun yng Nghlun Cain.

52. Bedd Talarn blaen-hyrddiwr yng ngwrthdaro tri llu,
    Lladdwr pen pob rhai [oedd yn] nerthol,
    Hael-roddwr, agored ei byrth.

53. Bedd Elisner ab Nêr yn nyfnder daear,
    Un di-ofn, un dibryder,
    Pen llu tra fu ei amser.

54. Bedd gŵr garw'i lid, Llachar tywysog llu,
    Yn aber dwfwr Dyar,
    Lle y gwna tonnau Tafwy dwrw.

55. Pwy biau y bedd yn y Rhydau?
    Bedd Rhwyf ydyw, mab Rhygenau,
    Gŵr a wnâi dda gyda'i arfau.

56. Pwy biau y bedd hwn? Bedd Braint
    [Yw], rhwng Llyfni a'i llednaint;
    Bedd gŵr oedd yn wae i'w elynion.

57. Pwy biau y bedd ar lethr y bryn?
    Llawer na ŵyr a ofynna hyn:
    Bedd ydyw i Goel mab Cynfelyn.

58. Bedd Dyhewaint sydd ar afon Clewaint,
    Yn ucheldir Mathafarn,
    Piler rhyfelwyr cadarn.

59. Bedd Aron mab Dyfnwyn sydd yna yn Hirwaun;
    Ni chodai lef yn erbyn lladron:
    Ni roddai o unrhyw hawl i'w elynion.

60. Bedd Taflogau mab Lludd yn y dref rudd draw,
    Fel y mae yn ei gystudd –
    Y sawl a'i cloddiai fe gâi hwnnw fudd.

61. Pwy biau y bedd ar lan Rhyddnant?
    Rhun yw ei enw, o gywir rasusau,
    Brenin oedd ef, Rhiogan a'i gwanodd.

62. Roedd ef yn un dyfal wrth hawlio galanas,
    Coch ydoedd ei waywffon, un addfwyn ei rudd;
    Ond cyn bod hynny o [unrhyw] fudd, [dyma] fedd Bradwen.

63. Pwy biau y bedd petryal
A'i bedwar maen o gwmpas ei dalcen?
Bedd Madog, marchog ffyrnig.

64. Yn Eifionydd, [sef] tir Elwydd,
Y mae bedd gŵr mawr-ei-dwf [a] hir:
Daw angau pob un pan y'i pennir.

65. Y tri bedd yng Nghefn Celfi,
Awen a ddywedodd imi:
Bedd Cynon garw ei ddwyael,
Bedd Cynfael, bedd Cynfeli.

66. Bedd Llwyd, y llednais, sydd yn nhir Cemais;
Cyn bod yn hir dwf ei asennau
Ymladdai tarw brwydyr yn ffyrnig.

67. Bedd Siawn falch ym mynydd Hirerw
Rhwng ei daear a'i choed derw:
[Un] chwerthinog, bradwrus, bryd-chwerw.

68. Pwy biau y bedd sydd mewn lle clyd?
Hyd tra fu, ni fu'n eiddilwr –
Bedd Ebediw fab Maelwr.

69. Pwy biau y bedd ar yr allt draw?
Gelyn i laweroedd ydoedd ei law,
Tarw brwydyr – trugaredd iddo!

70. Y beddau yn y Morfa,
Ychydig yw'r rhai sydd am y rhain yn galaru:
[Yma] y mae Sanant, benyw falch,
Y mae Rhun, un eiddgar men brwydyr,
Y mae Garwen ferch Hennin,
Y mae Lledin, y mae Llywy.

71. Bedd Hennin Henben sydd ar aelwyd Dinorben;
Bedd Airgwl sydd yn Nyfed;
Yn Rhyd Gynan mae Cyhored.

72. Pob un galarus a ofynna
Pwy biau y beddrod sydd 'na yma?
Bedd Einion ap Cunedda,
Gwarth ym Mhrydain oedd ei ddifa.

73. Pwy biau y bedd yn y Maes Mawr?
Un balch ei law ar ei lafnau –
Bedd Beli ab Benlli Gawr.

BEDDAU 1

(COCH. TJ)

1. Dyma, yma, fedd dyn difai,
Hoff o frwydyr; fe fyddai ei feirdd wedi cludo
Ei glod o lle nad elai Pyll,
Pe bai o wedi byw yn hwy.

2. Bedd Gwell yn y Rhiwfelen,
Bedd Sawyl yn Llangollen,
Gwarchod[wr] Llam y Bwch ydyw Llorien.

3. Bedd rhudd dan gudd y tywyrch,
Ni achosa'r ddaear iddo amharch:
Bedd Llyngedwy fab Llywarch.

4. Maes Maoddyn, dan orchudd o rew;
Ar ôl difa y dyn da ei faeth,
Ar fedd Eirinfedd – eira tew.

5. Bedd Elwyddan, y mae glaw yn ei wlychu,
   Maes Maoddyn sydd o dano,
   Roedd hawl gan Cynon i alaru amdano.

BEDDAU 2

(TESTUN LL.G.C., PENIARTH 98. TJ)

1. Y bedd ar ochor y mynydd,
   [Bedd] un ddar'u arwain byddinoedd –
   Bedd Ffyrnfael Hael mab Hywlydd.

2. Bedd Gwaeanwyn, gŵr o fri,
   Rhwng [afon] Llifon a Llyfni,
   Gŵr nad ildiai hawl i neb.

3. Bedd Gwydion ap Dôn ar Forfa Dinlleu
   O dan feini Defeillon,
   Garannog ei geiffyl meinon. [Ystyr?]

4. *Dyma yn ddiau gwm brwydr fuddugol*
   Gŵr clodfawr, [ac] arglwydd buddgol mewn brwydr;
   Yr egr, haelionus Geredig.

5. Ar ôl harneisiau a cheffylau crych-gynffonnau,
   A brwydr, a gwaywffyn union,
   A dynion a ruthrai dros odreon:
   Pen hardd Llofan Llaw Estron.

6. Ar ôl harneisiau a cheffylau melyn,
   A brwydyr a gwrthymladd â gwaywffyn,
   Am .... dros odreon:
   Pen hardd Llofan Llawygyn.

7. Bedd Llofan Llaw Ddifo yng ngraean y Fenai;
   Lle y gwna tonnau [eu] twrw,
   Bedd Dylan yn Llan Feuno.

8. Bedd Llofan Llaw Ddifo ar *ardrai* y Fenai;
   Prin iawn ydyw'r rhai sydd yn gwybod hyn,
   Dim ond Duw a minnau heno.

9. Bedd Panna fab Pyd yn ucheldir Arfon
   O dan ei weryd oer;
   Bedd Cynon yn Rhyd Rheon.

10. Bedd Llew Llawgyffes dan orchudd y môr;
    Cyn dyfod ei ddiwedd
    Gŵr oedd a wahoddai ymosod.

11. Pan *gyfarfu Benhych a'i befyl ar afon* [Ystyr?]
    Yr oedd o yn arfog ei ynni.
    Lladdwyd Agen ap Rugri
    Ar ôl *lladd* Ager yn Aber Bangori.

12. Perthynas ...

13. Bedd Tydai Tad Awen ar uchaf Bryn Arien.
    Lle y gwna tonnau [eu] twrw,
    Bedd Dylan yn Llan Feuno.

14. Clywais i don drom iawn ar y tywod,
    Am fedd Disgyrnin Disgyffeddod,
    Cysgod trwm oerllyd pechod. [?]

15. Bedd Elidir Mwynfawr yng nglan y fawr Feweddus,
    Rheolwr ydoedd, mawr ei ffawd,
    Herfeiddiwr, gŵr grymus mewn brwydyr.

16. Y bedd yn ucheldir Nanllau, [Ffurf lafar ar Nantlleu]
    Ni ŵyr neb ei nodweddion –
    Mabon mab y sydyn Fydron. [Fodron]

17. Bedd *Ann ap Lleian ym mynwes* mynydd;
    Un a greai agennau mewn llu [oedd] llew Emrais,
    Prif ddewin Myrddin Emrys.

18. Uchlaw Rhyd y Garw Faen ...
    Y mae bedd Rhun ab Alun Dyfed.

BEDDAU 3

(TESTUN LLAWYSGRIF WRECSAM 1. TJ)

1. Pwy biau y bedd yn y caerau
   Gyferbyn â Bryn Beddau?
   Gwryd ap Gwryd sydyn.

DINAS MAON

(DU. AOHJ: Rhif 14)

Dinas i bobol, [dyna] fwriad Duw.
[Y] pendefig gwaedlyd, hardd –
Yr hyn a sycha'r haul, a wlycha'r glaw.

Dinas i bobol. Gelyn arglwyddi, [gelyn] brenhinoedd,
Lladdfa byddin ddiysgog –
Yr hyn a sycha'r haul, a wlycha Merfyn.

Dinas i bobol, *amddiffynfa* gwlad,
Amddiffyn Duw amdanaf:
Yr hyn a sycha'r haul, a wlycha Nynhaf.

Yn dda y dododd ei forddwyd
Ar Ferchin, march llwyd.
Gorsedd gŵr dewr o gwmpas yr un heb iddo fwrn:
Yr hyn a sycha'r haul, a wlycha Maelgwn.

GERAINT FAB ERBIN

(DU. AOHJ: Rhif 21. AH-BFR, t.289 ymlaen. JR: t.457 ymlaen – dilynir ei thestun cyfansawdd hi o'r DU, COCH, a LL.G.C., PENIARTH 111. Dynodir yr englynion nas ceir yn DU â bachau petryal. Nid yw JR yn dilyn trefn yr englynion yn DU.)

1. [Pan anwyd Geraint roedd pyrth y nef yn agored,
    Rhoddai Crist yr hyn a erchid:
    [Un] hardd ei wedd, gogoniant Prydain.]

2. [Moled pawb yr arglwydd Geraint.
    Arglwydd, molaf innau Geraint,
    Gelyn i Sais, [a] châr y saint.]

3. O flaen Geraint, gyrrwr gelyn,
    Gwelais i feirch crwm a choch gan ryfel;
    Ac ar ôl brwydyr arw, bydd yna ystyried.

4. O flaen Geraint, poenydiwr gelyn,
    Y gwelais i feirch gwyn, [a] chrwm, [a] choch;
    Ac wedi brwydyr arw, bedd.

5. O flaen Geraint, gormes gelyn,
    Gwelais i feirch gwyn eu crwyn;
    Ac wedi brwydyr arw, [caed] nodded.

6. Yn Llongborth y gwelais i arfau,
   Gwŷr, a gwaed yn llifo;
   Ac wedi brwydyr arw, gladdu.

7. [Yn Llongborth y gwelais i frwydr,
   Ac elorau mewn gwaed,
   A milwyr yn goch gan ruthr y gelyn.]

8. Yn Llongborth y gwelais i adar ysglyfaethus
   Ac elorau dirifedi
   A milwyr yn goch gan ruthr Geraint.

9. [Yn Llongborth y gwelais i dywallt gwaed,
   Ac elorau a wnaed oherwydd arfau,
   A milwyr coch gan ruthr angau.]

10. [Yn Lloegyr gwelais i ddarnio [gwŷr]
    ....
    Dioddef c'ledi wna rhyfelw[y]r.]

11. [Yn Llongborth y gwelais i gynnwrf,
    Gwledd i frain ar goluddion,
    Ac ar rudd arglwydd smotyn coch.]

12. Yn Llongborth y gwelais i ysbardunau,
    A milwyr na chiliai rhag gwayw-ffyn,
    Ac yfed gwin o loyw wydrau.

13. [Yn Llongborth y gwelais i darth brwydro,
    A milwyr yn dioddef anffod[ion],
    A dod drwyddi ar ôl cymorth.]

14. [Yn Llongborth y gwelais i wrthdaro,
    Gwŷr mewn brwydyr a gwaed am draed:
    A fynno fod i Geraint yn filwr, brysied.]

15. [Yn Llongborth y gwelais i wrthdaro,
     Gwŷr mewn brwydyr, gwaed hyd at liniau
     O flaen rhuthr mawr mab Erbin.]

16. Yn Llongborth y gwelais i laddfa,
     Gwŷr mewn brwydyr, gwaed ar ben[nau]
     O flaen Geraint fawr, mab ei dad.

17. Yn Llongborth y lladdwyd, i Geraint,
     Wŷr dewr o iseldir Dyfnaint;
     Ond cyn eu lladd [hwy], hwythau laddasant.

18. Yn Llongborth y lladdwyd, i Arthur,
     Wŷr dewr a ymladdai â dur;
     Ymherawdwr, llywiawdwr brwydyr.

19. Yn gyflym y rhedai dan forddwyd Geraint
     [Feirch] hirgoes a fagwyd ar rawn,
     Rhai o ruthr goddaith ar ddiffaith fynydd.

20. [Yn gyflym y rhedai dan forddwyd Geraint
     [Feirch] hirgoes, ar rawn a fagwyd yn dew,
     Rhai rhuddion, o ruthr eryrod glew!]

21. Yn gyflym y rhedai dan forddwyd Geraint
     [Feirch] hirgoes, [rhai a oedd] yn difa grawn;
     Rhai rhuddion, o ruthr eryrod gwyn!

22. Yn gyflym y rhedai dan forddwyd Geraint
     [Feirch] hirgoes, [a borthwyd] ar rawn gwenith;
     Rhai rhuddion, o ruthr eryrod brith!

23. Yn gyflym y rhedai dan forddwyd Geraint
     [Feirch] hirgoes, y byddai grawn iddynt yn addas,
     Rhai rhuddion, o ruthr eryrod glas!

24. Yn gyflym y rhedai dan forddwyd Geraint
     [Feirch] hirgoes, yn gwasgaru grawn;
     Rhai rhuddion, o ruthr eryrod coch!

25. Yn gyflym y rhedai dan forddwyd Geraint
     [Feirch] hirgoes, grawn oedd eu bwyd,
     Rhai rhuddion, o ruthr eryrod llwyd!

26. Yn gyflym y rhedai dan forddwyd Geraint
     [Feirch] hirgoes, wedi'u magu ar rawn;
     Rhai cochion, o ruthr eryrod du!

27. Yn gyflym y rhedai dan forddwyd Geraint
     [Feirch] hirgoes, chwannog iawn am rawn,
     Rhai llwyd, [a] blaen eu mwng hwy yn arian.

YSGOLAN

(DU. AOHJ: Rhif 25. JR: t.465)

Du dy farch, du dy glogyn,
Du yw dy ben, du wyt dy hunan;
Y pen du, ai ti yw Ysgolan?

Fi yw Ysgolan, ysgolhaig,   [ysgolhaig = clerigwr]
Ysgafn ei bwyll [a] gwyllt.
Gwae na fodda y sawl a becha yn erbyn yr Arglwydd.

Oherwydd llosgi eglwys a lladd buwch ysgol
A [pheri] boddi llyfr rhodd
Fy mhenyd i yw cyfyngder trwm.

Greawdwr y creaduriaid, y mwyaf ei ryfeddodau,
Maddeua di i mi fy ngau;
Yr un a'th fradychodd di a'm twyllodd innau.

Am flwyddyn lawn y rhoddwyd fi
Ym Mangor ar bolyn [mewn] cored:
Gwêl di y boen a fu i mi gan greaduriaid y môr.

Pe gwyddwn i yr hyn a wn – mor amlwg [ag] yw'r gwynt
Ym mlaen brig coedydd llwm –
Ni wnawn i byth yr hyn a wneuthum.

GWALLOG A'R ŴYDD

(DU. AOHJ: Rhif 33. JR: t.465)

Gan mai'r unllygeidiog sydd mor oludog â hyn
Yn ymyl llys Gwallog,
Minnau a fyddaf oludog.

Boed yna felltith ar yr ŵydd
A dynnodd ei lygad yn ei ŵydd,
[Sef] Gwallog ap Lleinog, arglwydd.

Boed yna felltith ar yr ŵydd ddu
A dynnodd ei lygad o'i lle –
Gwallog fab Lleinog, pennaeth llu.

Boed yna felltith ar yr ŵydd wen
A dynnodd ei lygad o'i ben –
Gwallog ap Lleinog, unben.

Boed yna felltith ar yr ŵydd lwyd
A dynnodd ei lygad pan oedd o yn llanc –
Gwallog fab Lleinog, [gŵr ydoedd o] urddas.

[Ymyl y ddalen yn y Llyfr Du]

Nid aeth neb a fyddai [am fod yn] enwog
Y ffordd yr aeth Gwallog –
Yn arf haearn i'r dryslwyn!

Nid aeth neb 'gai ei edmygu
Y ffordd yr aeth Meurig –
Ar gefn ei wraig yn dridyblyg!

YMDDIDDAN RHWNG GWYDDNO
GARANHIR A GWYN AP NUDD

(DU. AOHJ: Rhif 34. AH-BFR, t.312 ymlaen – dilynir ei awgrymiadau ynghylch y llefarwyr. JR: t.461)

GWYDDNO

1. Tarw brwydyr, ffyrnig, brawychus;
   Pennaeth llu, un araf ei lid,
   Difai ei gred, a oes nodded i mi?

GWYN

2. Gan ŵr nerthol ei lwyddiant,
   Arglwydd llu, arglwydd llid,
   Bydd nodded am i ti ei erchi.

GWYDDNO

3. Gan dy fod ti am roi imi nodded
   Mor wych y gofynnaf iti:
   Gwawr llu, o ba du y deui di?

GWYN

4. Fe ddof o gad a lladdfa fawr,
   A tharianau mewn llaw;
   Ergydion gwaywffon a friwiai bennau.

GWYDDNO

5. Fe'th gyfyrchaf di, ryfelwr parod,
   A'i darian mewn brwydyr:
   Filwr disglair, beth ydyw dy linach?

GWYN

6. Carngrwn [yw] fy march, [mae'n] gynnwrf [mewn] cad;
   Felly fe'm gelwir i: Gwyn mab Nudd,
   Cariad Creiddylad merch Lludd.

GWYDDNO

7. Gan mai ti ydyw Gwyn, ryfelwr cywir,
   Rhagot ti, fy nguddio ni ellir:
   Minnau ydyw Gwyddno Garanhir.

GWYN?

8. Ni adawa'r [march] gwyn i mi ymgomio â thi,
   Wrth ei ffrwyn y caiff ei rwymo;
   Brysia i'm brwydyr, [rhwng] Tafwy a Nedd.

GWYN?

9. Nid am Dafwy Nesaf y dywedaf wrthyt ti
   Ond am Dafwy Bellaf,
   Ar lan y môr, [a'i] ffyrnig dreio.

GWYN?

10. Cerfiedig ydyw fy modrwy, aur ydyw cyfrwy [fy] march
    gwyn.

    Oherwydd fy oferedd
    Gwelais i frwydyr o flaen Caer Fantwy.

GWYN?

11. O flaen Mantwy, fe welais i lu;
    Torrwyd tarianau, [a] gwaywffyn a falwyd,
    Un urddasol, hardd, a barai drais.

GWYDDNO

12. Gwyn ap Nudd, budd byddinoedd,
    Cynt y syrthiai byddinoedd o flaen carnau dy feirch
    Na brwyn briw i lawr.

GWYN?

13. Teg iawn yw fy nghi, a hardd [ydyw ef],
    Ac ef ydyw'r gorau o'r cŵn –
    Dormach oedd hwnnw a fu['n eiddo] i Faelgwn.

GWYDDNO?

14. Dormach trwyngoch, pam y sylli di arno
    Gan na elli di ddeall
    Dy grwydyr *ar fynydd* [dan] *gwmwl*.

GWYDDNO?

[Awgrym BFR yw mai Gwyddno sy'n llefaru o'r fan hon i'r diwedd. Y mae'r
englynion a ganlyn yn adran wahanol, dan y teitl 'Mi a fûm', gan JR, t.462]

15. Mi a fûm yn y lle y lladdwyd Gwenddolau,
    Mab Ceid[i]o, colofn cerddau,
    Pan grawciai brain ar waed.

16. Mi a fûm yn y lle y lladdwyd Brân
    Mab Ywerydd, pell ei glod,
    Pan grawciai brain tyddyn.

17. Mi a fûm lle y lladdwyd Llachau
    Mab Arthur, rhyfeddol mewn crefftau,
    Pan grawciai brain ar waed.

18. Mi a fûm lle y lladdwyd Meurig
    Mab Careian, yr edmygid ei glod,
    Pan grawciai brain ar gig.

19. Ni fûm i lle y lladdwyd Gwallog
    Mab tywysog cyfreithlon,
    [A] blinder Lloegyr, mab Lleynnog.

20. Mi a fûm lle y lladdwyd milwyr Prydain
    O'r dwyrain i'r gogledd:
    Myfi yn fyw, [a] hwy mewn bedd.

21. Mi a fûm lle y lladdwyd milwyr Prydain
    O'r dwyrain i'r deau:
    Myfi yn fyw, [a] hwy i angau.

YMDDIDDAN UGNACH
(*neu* WGNACH) A THALIESIN

(DU. AOHJ: Rhif 36. AH-BFR, t.323 – dilynir ei awgrymiadau ynghylch llefarwyr. JR: t.463)

TALIESIN
1. Farchog a gyrcha i ddinas
   Gyda'i gŵn gwynion a'i gyrn bras:
   Nid wy'n dy adnabod [er] imi dy weld.

UGNACH
2. Farchog a gyrcha yr aber
   Ar farch cadarn, cryf mewn brwydyr;
   Tyrd gyda mi, paid ti â'm gwrthod.

TALIESIN

3. Myfi nid af yna yn awr –
   O fwriad, y frwydyr a oedir –
   Boed [ichwi] fendith nef a llawr.

UGNACH

4. Y gŵr na'm gwelodd i beunydd,
   [Sy] debyg i ŵr dedwydd:
   Am ba hyd yr ei di, ac o ble y deui di?

TALIESIN

5. Fe ddeuaf o Gaer Seon
   O ymladd ag Iddewon;
   Fe af i gaer Lleu a Gwydion.

UGNACH

6. Tyrd di gyda mi i'r ddinas
   A bydd iti fedd sydd wedi gloywi
   Ac aur coeth ar orffwysfa dy waywffon.

TALIESIN

7. Nid adwaen i y gŵr hy
   A addawa dân i mi a gwely:
   Teg a melys y dywedi.

UGNACH

8. Tyrd di gyda mi i'm cartref,
   Bydd gwin i ti yn llifo drosodd:
   Ugnach yw fy enw, mab Mydno.

TALIESIN

9. Ugnach, bendith fyddo ar dy orsedd
   A boed iti ras, a [boed] anrhydedd.
   Taliesin wyf finnau, fe dalaf i ti am dy wledd.

UGNACH

10. Taliesin, y pennaf o'r gwŷr,
    Heriwr ar gerdd ymryson,
    Arhosa yma hyd ddydd Mercher.

TALIESIN

11. Ugnach, y mwyaf ei olud,
    Boed iti ras y Wlad Bennaf;
    Ni haeddaf fi gerydd, nid arhosaf.

BODDI MAES GWYDDNO

(DU. AOHJ): Rhif 39. JR: t.464 – teitl yr englynion ganddi hi ydi 'Seithennin')

1. Seithennyn, saf di allan,
   Ac edrycha di ar gynddaredd y môr;
   Maes Gwyddno a orchuddiwyd.

2. Boed felltigedig y forwyn
   A'i gollyngodd, ar ôl gwledd,
   Ffynnon ffrydiol y môr ffyrnig.

3. Boed felltigedig y forwyn
   A'i gollyngodd, wedi brwydyr,
   Ffynnon ffrydiol y môr diffaith.

4. Gwaedd Mererid oddi ar uchelfan caer,
   Hyd at Dduw y'i dodir:
   Arferol ar ôl traha ydyw tranc hir.

5. Gwaedd Mererid oddi ar uchelfan caer heddiw,
   Hyd at Dduw y mae ei hymbil:
   Arferol ar ôl traha, ydyw edifeirwch.

6. Gwaedd Mererid a'm ffyrniga i heno,
    Ac nid hawdd y daw hi â llwyddiant i mi:
    Arferol ar ôl traha ydyw tramgwydd.

7. Gwaedd Mererid oddi ar [farch] gwinau, cadarn –
    Y Duw haelionus a'i parodd:
    Arferol ar ôl gormodedd ydyw eisiau.

8. Gwaedd Mererid sy'n fy ngyrru i heno
    Oddi wrth fy ystafell:
    Arferol ar ôl traha ydyw tranc hir.

9. Bedd Seithennyn aruchel ei synnwyr
    Rhwng Caer Cynidr a glan:
    Mor fawrfrydig o bennaeth [ydoedd].

CANU LLYWARCH HEN

(COCH yn bennaf. Nodir ffynonellau'r englynion yn llawn yn IW, tt.xi – xvi. Ceir y testunau gan IW: adran 1; a JR: tudalen 404 ymlaen.

Dilynir golygiad Ifor Williams yn y gyfres isod, a'i awgrymiadau ynghylch llefarwyr. Yn y gyfres gyntaf o englynion, ei awgrym ef oedd fod Gwên wedi dychwelyd ar ôl bod – efallai yn hen lys Urien yn yr Hen Ogledd – a'i fod yn dod wyneb yn wyneb â'i dad. Nid yw Jenny Rowland yn fodlon bod mor bendant ynghylch y manylion hyn. Gwelir fod yn yr ymddiddan rai llinellau a all ymddangos yn ddigyswllt, megis y sôn am don yn rhedeg ar draeth, a rhai llinellau tebyg sy'n dilyn rhwng y ddau. Sôn yn drosiadol am ffoi, ac am sefyll tir sydd yma, rhyw fath o daro'r post i'r pared glywed.)

GWÊN AP LLYWARCH A'I DAD

(Gosoda Jenny Rowland englyn 1a, a leferir gan Llywarch, o flaen cyfres Ifor Williams gan ei fod yn rhoi syniad o'r hyn sy'n digwydd yn yr ymddiddan – gan dybio fod y tad a'r mab wedi bod yn gwledda, a bod y tad, hen, am wisgo arfau fel petai am fynd i frwydro.)

LLYWARCH

1a. Tenau yw 'nharian ar fy ochor chwith.
    Er 'mod i'n hen, rwy'n ei medru hi;
    Fe gadwaf wyliadwraeth ar Rodwydd Forlas

GWÊN

1. Paid ti ag ymarfogi ar ôl gwledd; paid â bod yn drist dy fryd.
    Llym ydyw'r awel, [a] chwerw yw gwenwyn.
    Dywed fy mam mai mab iti wyf.

LLYWARCH

2. Fe deimlaf wrth fy nghyffro
    Ein bod ni o'r un teulu.
    Fe gedwaist [draw] am amser maith, O Wên!

GWÊN

3. Llym yw fy ngwaywffon, [a] llachar mewn brwydyr;
   Bwriadaf wylio ar y rhyd.
   Er na ddihangaf fi, boed Duw gyda thi!

LLYWARCH

4. Os diengi di, fe'th welaf.
   Os lleddir di, amdanat fe gwynaf.
   Paid ti â cholli wyneb rhyfelwr mewn brwydyr.
   [colli wyneb = colli anrhydedd]

GWÊN

5. Ni chollaf fi dy wyneb, y gŵr parod i frwydro.
   Pan ymarfoga'r glew [ar gyfer] y ffin,
   Dioddefaf fi galedi cyn y mudaf o['m] lle.

LLYWARCH

6. Rhedeg y mae ton ar hyd y traeth.
   Maes o law fe dorri di d'arfaeth!
   Dan gysgod brwydro arferol i'r ffraeth ydyw ffoi.

GWÊN

7. Mae gen i rywbeth i'w ddywedyd:
   [Os bydd] malu gwaywffyn lle digwyddaf fi fod,
   Ni ddywedaf fi na fydd imi ffoi.

LLYWARCH

8. Meddal yw corsydd, [a] chaled yw rhiw;
   O flaen carn [ceffyl] gwyn ochor glan fydd yn friw:
   Addewid na chedwir, nid yw hi o werth.

GWÊN

9. Gwasgar wna nentydd am gloddiau caer:
   A minnau a fwriadaf
   Fod â tharian doredig, faluriedig cyn y ciliaf.

LLYWARCH

10. Y corn a roes Urien iti,
    A'i linyn aur am ei ên,
    Chwytha di ynddo os daw arnat angen.

GWÊN

11. Er arswyd caledi rhag rhyfelwyr Lloegyr
    Ni lygraf fi fy mawredd:
    Ni ddihunaf fi rianedd.

LLYWARCH

12. Pan oeddwn i yn oedran y llanc acw draw
    Sy'n gwisgo aur sbardunau
    Yn chwim y rhuthrwn i at waywffon.

GWÊN

13. Di-au fod dy eiriau di'n wir!
    Byw wyt ti, a'th dyst wedi'i ladd!
    Ni fu yn eiddil un hen ŵr pan oedd yn llanc!

MARWNAD GWÊN

(Y mae'n amlwg fod Gwên wedi mynd i amddiffyn y ffin, a'i fod wedi cael ei ladd. Dyma eiriau ei dad ar ei ôl.)

LLYWARCH

14. Gwên wrth Lawen a wyliodd neithiwr, [Llawen = afon]
    Ym mwrllwch brwydyr, ni chiliodd
    (Oer ydyw adrodd) ar glawdd gorlas.

15. Gwên wrth Lawen a wyliodd neithiwr
    A'r darian ar ei ysgwydd:
    Gan ei fod yn fab i mi, bu yn barod.

16. Gwên wrth Lawen a wyliodd neithiwr
    A'r darian dros ei wyneb:
    Gan ei fod yn fab i mi, ni ddihangodd.

17. Gwên yr ymladdwr! Trist [iawn] yw fy mryd;
    Roedd dy ladd di [i mi] yn beth mawr:
    Casnar, nid câr, a'th laddodd.
    [Casnar = enw rhywun *neu* 'arglwydd gelyniaethus']

18. Gwên, bras ei forddwyd, a wyliodd neithiwr
    Ar ochor Rhyd Forlas:
    Gan ei fod yn fab i mi, ni chiliodd.

19. Gwên, gwyddwn i beth ydoedd dy natur –
    [Un o] ruthr eryr mewn aberoedd oeddet ti:
    Petawn i yn un dedwydd, dihanget.

20. Terfysga'r don; daw'r llanw dros y tir
    Pan ânt hwy, ryfelwyr, i frwydyr:
    Gwên, gwae yr hen iawn gan ei dristwch.

21. Terfysga'r don; daw'r llanw dros y tir
    Pan ânt hwy, ryfelwyr, i ymosod:
    Gwên, gwae yr hen iawn sydd wedi dy golli.

22. Rhyfelwr oedd fy mab, un dygyn dros ei hawl,
    Ac yr oedd yn nai i Urien:
    Ar Ryd Forlas y lladdwyd Gwên.

[Un o Englynion y Beddau yw hwn.]
23. (Un ffyrnig mewn ymdaro gwaywffyn, efô o ddewrder
                                                ystyfnig,
    Dug o ar Loegyr lu cryno:
    Bedd Gwên fab Llywarch Hen ydyw hwn.)

24. Pedwar mab ar hugain imi a fu,
    Eurdorchog [rai] yn tywys llu:
    Gwên oedd y gorau ohonynt.

25. Pedwar mab ar hugain imi a fu,
    Eurdorchog [rai], yn arwain i gad:
    Gwên oedd y mab gorau un i'w dad.

26. Pedwar mab ar hugain imi a fu,
    Eurdorchog [rai] yn tywys penaethiaid:
    O'u cymharu â Gwên, hogiau bach oeddynt hwy!

27. Pedwar mab ar hugain yn nheulu Llywarch
    O wŷr glew, rhai ffyrnig mewn brwydyr:
    Twyll ydyw dyfod gormod o glod.

28. Pedwar mab ar hugain o fagwraeth fy nghnawd –
    Oherwydd fy nhafod y cawsant eu lladd:
    Da ydyw dod ychydig o glod; fe'u collwyd hwy i gyd.

PYLL

(Yma y mae Llywarch, fe ymddengys, yn mynegi ei deimladau ar ôl i un arall
o'i feibion, sef Pyll, gael ei ladd.)

LLYWARCH
29. Pan laddwyd fy mab i, Pyll, yr oedd ysgyrion briw,
    A gwaed ar wallt hyll,
    Ac am ddwylan Ffraw [yr oedd] ffrydlif. [Ffraw = afon]

30. Gellid [gwneud] ystafelloedd o esgyll tarianau –
    Tra byddai o yn dal ei dir –
    Y rhai a faluriwyd dan law Pyll.

31. Fy ffefryn o fy meibion.
    Pan gyrchai pawb yn erbyn eu gelynion
    Pyll Wynn [oedd] o anian tân trwy simnai.

32. Yn dda y dododd forddwyd dros gyfrwy ceffyl
    O agos ac o bell:
    Pyll Wynn, [un] o anian tân trwy simnai.

33. *Hael ydoedd [y llew] yn nhwrw y frwydyr, a chas ganddo fo*
                                                    oedd cyfamod.
    Yr oedd o yn ddinas [noddfa] ar y ffin:
    Pyll Wynn, roedd ei arfwisg yn gen aur i gyd.

34. Pan oedai yn nrws pabell
    Ar geffyl bywiog, awyddus,
    Ymfalchïai gwraig Pyll yn ei gŵr.

35. Maluriwyd, oherwydd Pyll, benglog gŵr cadarn;
    Peth prin ydoedd lloches i [elyn] lechu ynddi hi:
    Fe berir fod yr eiddil [yn bobol] heb ddim.

36. Pyll Wynn, pell iawn oedd ei glod.
    Yr wyf, er dy fwyn, yn llawen oherwydd dy ddyfod [imi]
                                                    yn fab,
    Ac o'th hyfryd adnabod.

37. Y tri dyn gorau dan y nef
    A warchododd eu cartref:
    Pyll, a Selyf, a Sanddef.

38. Tarian a roddais i Byll,
    Cyn iddo 'gysgu' drylliedig oedd hi;
    Trueni yw ei gadael hi [yma] yn ddibris.

39. Er y gallai ddyfod, i Gymru, lu Lloegyr
    A llawer [eraill] o bell du,
    Dangosai Pyll bod yn well iddynt bwyllo.

LLYWARCH A MAEN

(Gosododd Ifor Williams yr englynion i Maen mewn man arall – Adran IV yn ei olygiad. Dilynir Jenny Rowland wrth eu gosod yma.)

LLYWARCH

1. Maen Wynn, tra oeddwn i o d'oedran di,
   Ni sethrid fy mantell i dan draed,
   Ni aredid fy nhir i heb ddim [tywallt] gwaed.
   [Roedd sathru mantell yn arwydd o her i ymladd.]

2. Maen Wynn, tra oeddwn i *yn eiddgar*
   A'm gwŷr ieuainc i'n fy nilyn,
   Ni thorrai'r gelyn dros fy nherfyn.

3. Maen Wynn, tra oeddwn i *yn eiddgar*
   Yn dilyn fy ngwŷr ieuainc,
   Ni charai gelyn fy nghynddaredd.

4. Maen Wynn, tra oeddwn i yn heini
   Roeddwn i yn ffyrnig mewn lladdfa;
   Fe wnawn i weithred gŵr er mai llanc oeddwn i.

5. Maen Wynn, trawa di yn gall,
   Y mae angen cyngor *lle y mae gwall*:
   Ceisied Maelgwn faer arall.

6. Fy newis i ydyw rhyfelwr a'i gaenen
   [O lurig] amdano; yn llym megis draenen:
   Nid gwaith ofer i mi ydyw hogi Maen.

7. Anrheg o ddyffryn Mefyrnion, ynghudd
   Mewn celwrn, a ddygwyd oddi arnaf fi;
   Â haearn llym fe'i trawyd o ddwrn.

8. Boed fendigedig yr anghysbell wrach
   A ddywedodd o ddrws ei chell:
   'Maen Wynn, paid di â gadael dy gyllell'.

BEDDAU [IW]
(*neu* AMRYFAL ENGLYNION
AM FEIBION LLYWARCH [JR])

(Dilynir teitl a threfn Jenny Rowland, ond testun Ifor Williams. 'Beddau' yw'r
teitl a roddodd o i'r gyfres hon o englynion hon yn ei Adran 1. Efô a roes yr
enwau uwchben yr englynion diwethaf.)

1. Na Phwyll /Phyll/ na Madog, ni fyddai iddynt hir ddyddiau
   Oherwydd y ddefod a gadwent:
   Rhoddi neu beidio – am gynghrair ni erfynient hwy byth.

2. Dyma, yma, fedd [un] di-fai
   Un hoff o frwydyr; ei feirdd a daenai
   Ei glod o lle nad elai
   Pyll; a phe bai yn bellach, [hynny] a barai.

3. Maen, a Madog, a Medel –
   Rhyfelwyr dewr. Di-ysig frodyr:
   Selyf, Heilyn, Llawr [a] Lliwer.

4. Bedd Gwell yn y Rhiwfelen,
   Bedd Sawyl yn Llangollen,
   Gwarchod Llam y Bwch mae Llorien.

5. Y bedd rhudd a guddir gan dywyrch,
   Ni achosa y ddaear iddo [fo unrhyw] amharch:
   Bedd Llyngedwy fab Llywarch.

TALAN

6.   Ymhell oddi yma [mae] Aber Lliw,
     Pellach ydyw [unrhyw] edliw:
     Talan, haeddaist ti ddagrau heddiw.

DWG

7.   Fe yfais i win o gawg.
     Ef a wanai ar y blaen o flaen Rheiniog –
     Esgyll y wawr ydoedd gwaywffyn Dwg.

8.   Yr oedd yn edifar gennyf, pan geisiodd Dwg gennyf fi,
     Nad gyda hwy yr ymosododd,
     Er na ddeuai [o'r herwydd] i un hael fis yn hwy o hoedl.

CYNI

9.   Adwaenaf i leferydd Cyni:
     Pan ddeuai ef i dŷ cwrw,
     Y gorau o wŷr, llestr gwin a haeddai.

[Y mae gan JR un englyn arall yma.]
10. Pe byddai can gŵr yn un tŷ
     Gwn [beth] yw gofalon Cyni:
     Y pennaf o'r gwŷr – lle gorau'r fainc mae o'n ei haeddu.

ENWAU MEIBION LLYWARCH

(Dyma adran VIII gan IW: ei destun ef a geir yma)

1.   Teg y cana'r aderyn
     Ar gangen bêr y pren uwchben Gwên.
     Cyn ei gladdu dan dywyrchen
     Malu tarianau wnâi mab Llywarch Hen.

2. Y triwyr gorau yn eu gwlad
   I amddiffyn tref eu [tad]:
   Eithyr, ac Erthyr, ac Argad.

3. Tri mab Llywarch, tri rhyfygus mewn brwydyr,
   Tri phencampwr ffyrnig:
   Llew, ac Araw[n], ac Urien.

4. Y mae cwynion [yn dod] yn haws i mi
   O'i adael o ar lan yr afon
   Gyda llu o efwr llwydion.

5. Tarw brwydyr, un a *ddymunai* ryfel,
   Piler cad, cannwyll *cymun*;
   Arglwydd nef, gormod ...

6. Y triwyr gorau dan y nef
   I amddiffyn eu cartref:
   Pyll, a Selyf, a Sanddef.

7. Y bore, gyda glas y dydd
   Pan ymosodwyd ar Mwng Mawr Drefydd,
   Nid rhai wedi'u maldodi ydoedd meirch Mechydd.

8. Cyfarfuant hwy o gwmpas Cafall.
   Roedd celain waedlyd, heb ddim parch,
   O wrthdaro Rhun a'r un dewr arall.

9. Gwaedd a ddodir ar ben Llug Fynydd,
   Uwchben bedd Cynllug:
   Fy mai i ydyw; myfi a'i parodd.

10. Bwrw eira, gorchuddia'r gwastadedd.
    Brysia rhyfelwyr i frwydyr.
    Myfi, nid af, anaf ni ad imi.

11. Na fydd di'n glerigwr, na fydd yn arglwydd llwyd;
    Ni'th elwir di yn nydd y frwydyr:
    Och, Gynddilig, na fuost ti'n wraig!

12. Ymhell oddi yma [mae] Aber Lliw,
    Pellach ydyw [unrhyw] edliw:
    Talan, haeddaist ti ddagrau heddiw.

GWAHODD LLYWARCH I LANFAWR (*neu* LANFOR)

(Adran V sy'n dwyn y teitl hwn gan IW. JR: t.414 ymlaen: y mae ei thestun hi
ychydig yn wahanol: ganddi hi'n unig y ceir Englyn 1. Dilynir awgrymiadau
IW ynghylch y siaradwyr.)

LLYWARCH
1. Un o blaid Meurig, yn farchog ar faes,
   Â chleddyf Echel, a chlod Urien:
   A elli di roddi nawdd i ddyn hen?

2. Un o blaid Meurig, yn farchog ar faes,
   Tra mynnodd Duw imi les
   Nid yswn i, megis moch, fês.

PENDEFIG
3. Llywarch Hen na fydd di'n drist;
   Fe gei di, gyfaill, [yma] nawdd.
   Sych dy lygad. Taw. Nac wyla.

LLYWARCH
4. Hen wyf fi, [ac] ni'th ddeallaf.
   Rho imi gyngor, ymhle y'i ceisiaf?
   Marw yw Urien; mae arnaf fi angen.

PENDEFIG

5. Ai dy fwriad di ydyw myned at Brân,
   Gyda thiriondeb, gyda mawl?
   Mae meibion Urien wedi marw i gyd.

6. Paid di ag ymddiried yn Brân, nac ymddiried yn Dunawd,
   Na chais [ddim] ganddynt hwy mewn caledi.
   Ymlwybred y bugail lloi i Lanfor.

LLYWARCH

7. Y mae 'na Lanfor dros y weilgi,
   Fe wna'r môr [ei] derfysg wrthi.
   Llallogan /arglwydd/, ni wn i ai honno yw hi.

8. Y mae 'na Lanfor dros y Bannog,
   Lle una Clwyd ac afon Clywedog.
   Ni wn i ai honno yw hi, Llallog / arglwydd /.

PENDEFIG

9. Cais di Ddyfrdwy yn ei therfyn,
   [Sef] o Feloch hyd Dryweryn.
   Fugail lloi, i Lanfor llifant.

LLYWARCH

10. Truan o dynged a dyngwyd i Lywarch
    Er y nos y'i ganwyd:
    Llafur hir, heb fwrw lludded.

[Fe osododd Jenny Rowland englyn 11 fel englyn 1a yn y gyfres 'Gwên ap Llywarch a'i Dad.]

11. Tenau fy nharian ar fy ochor chwith.
    Er 'mod i'n hen, [er hynny] fe'i medraf:
    Ar Rodwydd Forlas mi a wyliaf.

CÂN YR HENWR

(Adran ll sy'n dwyn y teitl hwn gan IW. JR: t.415 ymlaen)

1. Cyn bod fy nghefn fel bagal ffon, fe fûm i'n barod [iawn]
   fy nhafod:
   Edmygir fy *nghampau*;
   Gwŷr Argoed erioed a'm noddasant.

2. Cyn bod fy nghefn fel bagal ffon, bûm hy,
   Croesewid fi yng nghyntedd-dŷ
   Powys, paradwys Cymru.

3. Cyn bod fy nghefn fel bagal ffon, bûm hardd;
   Roedd fy ngwaywffon ar y blaen, yn y gwanu cyntaf:
   Rwyf yn gefngrwm, yn drwm, yn druan.

4. Ffon fagal bren, mae hi'n gynhaeaf;
   Coch ydyw'r rhedyn, a melyn yw'r gwellt:
   Gwrthodedig ydyw'r [pethau] a garaf.

5. Ffon fagal bren, mae hyn yn aeaf;
   Siaradus fydd gwŷr uwchben [eu] diod:
   Diannerch ydyw erchwyn [fy ngwely].

6. Ffon fagal bren, y mae hi'n wanwyn;
   Coch ydyw wynebau y cogyddion, y mae golau
   mewn gwledd:
   Gwrthodedig ydwyf fi gan forwyn[ion].

7. Ffon fagal bren, mae hi'n haf cynnar,
   Mae'r rhychau yn rhudd, a chrych ydyw'r egin;
   Trist ydyw i mi edrych ar dy ylfin. [gylfin = gwddf y ffon]

8. Ffon fagal bren, gynefin gangen,
   Cynhalia di un hen, hiraethus:
   Llywarch, y cyson-siaradus.

9. Ffon fagal bren, gangen gadarn,
   Yr hwn a ddyry imi groeso, cadwed Duw o:
   [Fe'th] elwir di'n ffon sy'n ffyddlon gyd-deithio.

10. Ffon fagal bren, bydd di'n *ddiysgog*,
    Cynhalia fi mewn modd sydd well:
    Fi ydyw Llywarch hir ei leferydd.

11. Gwatwar y mae henaint
    Â mi o'm gwallt i'm daint,
    A'r glicied honno a garai'r rhai ieuainc.

12. Y mae henaint yn gwatwar
    Â mi o'm gwallt i'm dannedd,
    A'r glicied honno a garai y gwragedd.

13. Bywiog ydyw'r gwynt, gwyn yw lliw godre
    Y coed; hy ydyw'r hydd; [a] chaled y bryn:
    Eiddil yw'r hen, yn ara' y symuda.

14. Y ddeilen hon, y mae'r gwynt yn ei chwyrlïo,
    Gwae hi oherwydd ei thynged!
    Mae hi'n hen – eleni y'i ganed.

15. Yr hyn a gerais er yn llanc sydd yn gas gennyf –
    Merch, estron, a march glas:
    Nid ydynt i mi['n awr] yn gyfaddas.

16. Fy mhedwar prif beth cas erioed
    A ddaethant ynghyd, a hynny'r un pryd –
    Pas a henaint, haint a hiraeth.

17. Yr wyf yn hen, yr wyf yn unig, yr wyf yn oer ryfeddaf
    Ar ôl gwely anrhydeddus:
    Yr wyf yn druan, rwy'n dri-dwbwl.

18. Yr wyf yn dri-dwbwl, hen, yn ffôl [ac] anwadal,
    Yr wyf yn ynfyd, rwyf yn anwar:
    Y sawl a'm carodd i, ni'm câr.

19. Ni châr gwragedd fi, ni ddaw neb i fy ngweld;
    Ni allaf fi symud o gwmpas:
    A! O angau, ni ddaw [hwnnw] ataf!

20. Ataf ni ddaw na chwsg na llawenydd
    Wedi lladd Llawr a Gwên:
    Rwy'n gorffyn anwar, rwyf yn hen.

21. Tynged druan a dyngwyd i Lywarch
    Er y nos y'i ganed:
    Llafur hir, heb fwrw lludded.

CLAF ABERCUAWG

(Adran VI sy'n dwyn y teitl hwn gan IW. Y mae'n adran ar wahân i chwedl
Llywarch gan JR: t.448 ymlaen.)

1. Hir-eistedd ar fryn a fynna fy enaid,
   Ond, hefyd, ni chynhyrfa hynny fi.
   Byr yw fy nhaith, a diffaith fy nhyddyn.

2. Llym ydyw'r awel, [a] llwm yw *gofalwyr y gwartheg*.
   Pan wisga coed deg liw
   Yr haf, claf iawn wyf finnau heddiw.

3. Nid wyf fi yn fywiog iawn, ni chadwaf lu,
   Ni allaf fi symud o gwmpas.
   Tra fo da gan y gog – caned hi!

4. Cog lafar a gân gyda'r dydd
   Gân uchel yn nolydd Cuawg:
   Gwell ydyw'r afradlon na'r cybydd.

5. Yn Abercuawg y cana cogau
   Ar ganghennau blodeuog:
   Cog lafar, caned yrhawg.

6. Yn Abercuwag y cana cogau
   Ar ganghennau blodeuog:
   Gwae y claf a'u clyw hwy yn gyson.

7. Yn Abercuawg cogau a ganant,
   Chwerw yw hyn yn fy mryd
   Fod un a'u clywodd [unwaith] ddim yn eu clywed hefyd.

8. Fe wrandewais i ar gog ar bren dan ei eiddew.
   Fy nillad amdanaf fi sydd [erbyn hyn] wedi llacio;
   Tristwch am yr hyn a gerais sydd fwy.

9. Ar le uchel uwchben un dderwen gadarn
   Y gwrandewais i ar leisiau adar –
   Cog uchel ei llef. Fe gofia pawb yr hyn a garo.

10. Cantor parhaus, llawn o hiraeth ei llef,
    Bwriada hi grwydro, ag ehediad fel hebog -
    Cog soniarus yn Abercuawg.

11. Uchel eu cân ydyw'r adar, [a] gwlyb ydyw'r nentydd;
    Llewyrcha y lloer, canol nos sydd yn oer:
    Oherwydd gofid haint, trist ydyw fy mryd.

12. Gwyn yw cefn bryn; gwlyb ydyw'r nentydd, canol nos
                                              sydd yn hir.
    Edmygir pob peth celfydd.
    Dylai fod imi wobr, gan henaint, o huno.

13. Uchel eu cân ydyw'r adar, [a] gwlyb ydyw'r gro,
    Cwympa'r dail, digalon yw'r di-fro;
    Ni wadaf, claf ydwyf fi heno.

14. Uchel eu cân ydyw'r adar, [a] gwlyb ydyw'r traeth,
    Eglur yw'r awyr, tra helaeth
    Yw'r don: gwyw ydyw'r galon oherwydd [ei] hiraeth.

15. Uchel eu cân ydyw'r adar, [a] gwlyb ydyw'r traeth,
    Eglur yw'r don, [ei] llifeiriant sy'n helaeth;
    Yr hyn a gared mewn mabolaeth,
    Fe garwn i pe cawn i hynny eto.

16. Uchel eu cân ydyw'r adar ar ucheldir Edrywy,
    Uchel eu sŵn yw cŵn mewn lle diffaith,
    Uchel eu cân ydyw'r adar eilwaith.

17. Haf cynnar, cain ydyw pob tyfiant.
    Pan frysia'r rhyfelwyr i frwydyr,
    Nid af fi; ni ad anaf imi.

18. Haf cynnar, mae'n gain ar y ffin
    Pan frysia rhyfelwyr i frwydyr;
    Nid af fi; fy anaf sy'n llosgi.

19. Llwyd ydyw copa y mynydd, brau ydyw blaen yr onn,
    O aberoedd dylifa ton
    Ddisglair: pell ydyw chwerthin o'm calon.

20. Heddiw i mi ydyw diwedd y mis
Yn y llety a adewais. [*d*. edewais]
Chwerw fy mryd, y cryd a gydiodd ynof.

21. Eglur ydyw golwg [pob] gwyliwr.
Haelioni a gyflawna y segur!
Chwerw fy mryd; clefyd a'm curia.

22. Gwartheg dan do, [a] chwpan am fedd.
Ni ddymuna'r un dedwydd ddim helynt.
Cylch o adnabod [a ddaw] trwy amynedd.

23. Gwartheg dan do, [a] chwrw mewn cwpan,
Mae'r llwybrau yn llithrig, y gawod yn drom,
Y rhyd sydd yn ddwfn. Y meddwl sy'n cynllwynio brad.

24. Cynllwynio brad sy'n weithred anfad –
Fe fydd dolur wrth ei phuro:
[puro = gwneud iawn am y weithred]
Gwerthu ychydig [ydyw hyn] am lawer.

25. .... yr anwir.
Pan farno Duw ar y dydd hir,
Tywyll fydd y gau, a golau y gwir.

26. *Cwpanau yn dda ddyrchafedig, ymosodwr yn ei garpiau*,
Llawen ydyw gwŷr uwchben cwrw:
Chwerw fy mryd oherwydd tristwch heno.

27. Clywais i don drom [iawn] ei dwndwr,
Yn uchel rhwng graean a gro:
Chwerw fy mryd oherwydd tristwch heno.

28. Canghennog ydyw blaen y dderwen, chwerw ydyw blas
yr onnen,
[*onnen* yma = gwaywffon]
Mae efwr yn felys, [a] chwerthin mae'r don;
Ni chuddia grudd gystudd calon.

29. Mynych ydyw uchenaid a naid [ffawd] arnaf fi,
Yn ôl fy arfer:
Ni ad Duw dda i'r diriaid.

30. Ni adewir i'r diriaid unrhyw ddaioni,
Dim ond tristwch a phryder:
Nid yw Duw'n dad-wneud yr hyn a wna.

[Y mae trefn y ddau englyn a ganlyn yn wahanol gan JR]
31. Prentis /Yswain/ ydoedd y mab claf, [ond] yr oedd
yn filwr dewr
Yn llys y brenin.
Boed Duw yn garedig wrth yr un sy'n esgymun.

32. Er yr hyn a wneler mewn tŷ gweddi,
Un diriaid ydyw'r un sy'n ei ddarllen,
[Un] cas gan ddyn yma, cas gan Dduw fry.

CANU URIEN

(Rhoddodd IW y teitl 'Urien Rheged' i'w Adran III o 'Ganu Llywarch Hen'. 'Canu Urien' yw'r teitl a roddodd JR [t.419 ymlaen] i'r canu hwn. Yn wahanol i Ifor Williams, nid yw Jenny Rowland yn derbyn fod gan Lywarch y rhan a dybia fo yn y chwedl sy'n gysylltiedig ag Urien. Fel y gwelir, y mae teitlau'r adrannau bron yr un fath gan y ddau.)

UNHWCH

1. Unhwch ffyrnig a arferai roi cyngor i mi
(Un llidiog mewn cwrdd i heddychu):
'Gwell iti ladd nag erfyn am gymod'.

2. Unhwch ffyrnig a arferai roi cyngor i mi
(Un a laddai mewn brwydyr er mwyn ysbail):
'Fe arweiniaf fi luoedd *Llwyfennydd*'.

3. Unhwch ffyrnig a arferai roi cyngor i mi:
Dywedid yn Nrws Llech
Na chilia Dunawd fab Pabo.

4. Unhwch ffyrnig a arferai roi cyngor i mi,
Un chwerw, ffyrnig, [fel] chwerthin y môr,
Anogwr brwydyr, [ac] arglwydd buddugol.

5. Urien Rheged, un tanbaid, gyda gafael eryr,
Un o lid Unhwch, un glew [ac] un hael,
Llidiog mewn rhyfel, arglwydd buddugol.

6. Urien Rheged, un tanbaid, gyda gafael eryr,
Un o lid Unhwch, perchen llaweroedd,
Cell [fel] y môr, [a'i] aberoedd cain, [huliwr] bwrdd
i ryfelwyr.

PEN URIEN

(Tybiai fod Ifor Williams mai Llywarch Hen oedd yn llefaru yma, a'i fod wedi gorfod torri pen Urien ar ôl brwydr rhag i'r gelyn waradwyddo'r pen hwnnw, gan ei arddangos er mwyn gwneud hwyl am ei ben. Y mae'r rheswm dros dorri'r pen yn fwy cymhleth na hyn ym marn Jenny Rowland.)

7.   Pen a gludaf ar fy ochor,
      Bu o'n ymosodwr rhwng dau lu;
      Mab Cynfarch balch oedd piau o.

8.   Pen a gludaf ar fy ochor,
      Pen Urien hael, arweiniai lu;
      Ac ar ei fron wen, frân ddu.

9.   Pen a gludaf ar fy ngwregys,
      Pen Urien hael, arweiniai lu;
      Ac ar ei fron wen, brain sy'n ei ysu.

10. Pen a gludaf yn fy llaw,
      Ar Erechwydd roedd o'n fugail,
      Un â chalon brenin, treuliwr gwaywffyn.

11. Pen a gludaf ar fy morddwyd,
      Roedd yn darian ar wlad, yn olwyn mewn cad,
      Roedd yn gynhaliwr brwydyr, yn rhwyd y gelyn.

12. Pen a gludaf ar fy ochor dde,
      Gwell oedd yn fyw nag yn ei fedd:
      Roedd o yn ddinas i rai hen.

13. Pen a gludaf o gyffiniau Pennawg,
      Pell eu crwydyr oedd ei lu,
      Pen Urien, un huawdl, un mawr ei glod.

14. Pen a gludaf ar fy ysgwydd,
    Ni ddygai hyn i mi waradwydd:
    Gwae fy llaw [am] daro f'arglwydd.

15. Pen a gludaf ar fy mraich,
    Fe wnaeth o yn nhir Brynaich,
    Ar ôl brwydyr, i elorau faich.

[Gan JR yn unig y ceir hwn]
15b. Pen a gludaf o ochor piler,
    Pen Urien [ydyw, oedd yn] arglwydd fel draig;
    Ac er mai Dydd y Farn a ddaw, ni faliaf fi [am hynny].

16. Pen a gludaf yng ngafael
    Fy llaw, [pen] argwlydd hael, arweiniai wlad;
    Pen piler Prydain, fe'i dygwyd o ymaith.

17. Pen a borthaf fi a'm porthodd.
    [un ystyr i 'porthi' = cario, cludo]
    Rwy'n cydnabod nad er fy lles –
    Gwae fy llaw! Llym oedd ei gwaith.

18. Pen a gludaf ar ochor rhiw
    [Ac] ar ei enau ewynfriw
    Gwaed. Gwae Rheged oherwydd heddiw!

19. Fe sigodd fy mraich, f'asennau sy'n glais,
    Fe dorrodd fy nghalon:
    Y pen a borthaf fi a'm porthodd.

CELAIN URIEN

20. Y gelain feinwen a gleddir heddiw
    O dan bridd a meini:
    Gwae fy llaw am ladd tad Owain!

21. Y gelain feinwen a gleddir heddiw
    Ynghanol pridd ac [o fewn] derw:
    Gwae fy llaw am ladd fy nghefnder!

22. Y gelain feinwen a gleddir heddiw,
    O dan feini y'i gadawyd.
    Gwae fy llaw am y ffawd i mi a dynghedwyd!

23. Y gelain feinwen a gleddir heddiw
    Ynghanol pridd a thywyrch.
    Gwae fy llaw am ladd mab Cynfarch!

24. Y gelain feinwen a gleddir heddiw
    O dan bridd [ac o] dan arwydd.
    Gwae fy llaw am ladd fy arglwydd!

25. Y gelain feinwen a gleddir heddiw
    O dan bridd a thywod.
    Gwae fy llaw am y ffawd 'ddaeth imi.

26. Y gelain feinwen a gleddir heddiw
    O dan bridd a danadl.
    Gwae fy llaw am y ffawd a ordeiniwyd i mi.

27. Y gelain feinwen a gleddir heddiw
    O dan bridd a meini llwyd.
    Gwae fy llaw! Ffawd a barodd hyn i mi.

ANOETH [= ANODD]

28. Anodd hyd Ddydd y Farn fydd hi i ni ymgynnull
    O gwmpas cyrn yfed, [ac] o gwmpas y lletwad,
    [Ni] frenhinllu byddin Rheged.

29. Anodd hyd Ddydd y Farn fydd hi i ni gael croeso
    O gwmpas cyrn yfed, o gwmpas y bwrdd,
    [Ni] frenhinllu milwyr Rheged.

EFRDDYL (*neu* EFYRDDYL)

30. Aflawen ydyw Efyrddyl heno,
    Ac amryw eraill [hefyd]:
    Yn Aber Lleu y lladdwyd Urien.

31. Mor drist ydyw Efyrddyl am y trallod heno,
    Ac oherwydd y ffawd a ddaeth i'm rhan i:
    Yn Aber Lleu y lladdwyd ei brawd hi.

RHUN [IW]
(*neu* MARWNAD RHUN [JR])

32. Ddydd Gwener fe welais i drueni
    Mawr ar fyddinoedd y byd:
    Haid o wenyn heb [un] 'frenhines' sydd felly.

33. Fe roddodd Rhun Rhyfeddfawr i mi
    Gant o heidiau [o filwyr], a chant o darianau;
    Ac un haid [o'r rhain] oedd yn well o bell iawn.

34. Fe roddodd Rhun, yr arglwydd dymunol, i mi
    Gant o drefi a chant o eidionau;
    Ac un dref [o'r rhain] oedd yn well na['r] lleill.

35. Tra oedd Rhun, rheolwr rhyfel, yn fyw
    Unionai yr anwir eu *bydaf.* [bydaf = haid o wenyn]
    Gefynnau a [fyddai] ar geffylau'r rhai anwir.

ANAF [IW]
(*neu* ENGLYN CRWYDR [JR])

36. Mor dda y gwn i am fy anaf! –
     Heini yw pob un ymhob haf.
     Ni ŵyr neb ddim byd amdanaf.

DWY BLAID

37. Bwriadai Dunawd, marchog lladdfa,
     Yn Erechwydd wneud celanedd
     Yn erbyn ymosodiad Owain.

38. Bwriadai Dunawd, arglwydd gwlad,
     Yn Erechwydd beri brwydyr
     Yn erbyn ymosodiad Pasgen.

39. Bwriadai Gwallog, marchog brwydyr,
     Yn Erechwydd wneud celanedd
     Yn erbyn ymosodiad Elffin.

40. Bwriadai Brân fab Ymellyrn
     Fe nidol i [o'r wlad], [a] llosgi fy aelwydydd:
     Blaidd a udai yn y bylchau!

41. Bwriadai Morgant – ef a'i wŷr –
     Fy nidol i [o'r wlad], [a] llosgi fy [holl] diroedd:
     Llyg a grafai ar greig[le]!

ELGNO (*neu* ELNO)

(Y mae JR yn rhoi'r teitl uchod i englyn 42 a 43 ac yn eu gosod ar wahân i'r gyfres hon. Rhan o 'Dwy Blaid' yw'r ddau englyn gan IW.)

42. Parwyd i mi fyfyrio pan laddwyd Elno
    A drawai lafn ar *gadlys*
    Pyll, a phabell yn ei fro.

43. Yr ail waith, ar ôl gwaedd frwydyr,
    Fe welais i darian ar ysgwydd Urien.
    Elno Hen a fu'n ail yno.

[Y mae JR yn rhoi bwlch yma, ac yn galw englynion 44–47 yn 'AMRYFAL ENGLYNION'; rhan o 'DWY BLAID' ydynt gan IW.]

44. Ar Erechwydd y daeth angen
    Oherwydd ofn marchog – *y fath arswyd!*
    A fydd 'na fyth [un] Urien arall?

45. Mor foel ydyw f'arglwydd, mor ddewr ei arferion;
    Ni châr milwyr ei elyniaeth.
    Llawer o'i dda fel arglwydd a dreuliodd.

46. Am angerdd Urien y mae'n arw gennyf,
    Ymosodwr ym mhob bro
    Ar ôl Llofan Llaw Ddifro.

[Lleolir yr englyn a ganlyn yn y fan hon gan JR, ond yn nechrau'r adran nesaf gan IW. Fe'i ailadroddir yn yr adran nesaf er mwyn cadw at rifau golygiad IW.]

46b.Tawel yw'r awel ar ochor yr hirfryn.
    Peth prin ydyw'r hyn sy'n foladwy.
    Ar wahân i Urien, nid oes un *arglwydd* o werth.

DIFFAITH AELWYD RHEGED

47. Tawel yw'r awel ar ochor yr hirfryn.
    Peth prin ydyw'r hyn sy'n foladwy.
    Ar wahân i Urien, nid oes un *arglwydd* o werth.

48. Llawer ci rhagorol a hebog[au] bywiog
    'Gafodd eu bwydo ar ei llawr
    Cyn i'r lle hwn fynd yn garnedd.

49. Yr aelwyd hon, *gyda'i gorchudd llwyd;*
    Ar ei llawr hi buasai yn fwy arferol
    [Gweld] medd a meddwon yn eiriol.

50. Yr aelwyd hon, a guddir gan ddanadl;
    Tra fu fyw ei gwarchodwr ...
    ....

51. Yr aelwyd hon, a guddir gan lesin;
    Yn ystod bywyd Owain ac Elffin
    Bu ysbail yn ei phair hi yn berwi.

52. Yr aelwyd hon, a guddir gan gen llwyd,
    Buasai hi'n fwy arferol, o gwmpas ei bwyd,
    Ergydion cleddyfau ffyrnig, diarswyd.

53. Yr aelwyd hon, a guddir gan gain fieri,
    Coed yn cynnau oedd 'na ynddi:
    Roedd hi'n hen arfer gan Reged roddi.

54. Yr aelwyd hon, a guddir gan ddrain,
    Buasai hi'n fwy arferol i'w rhyfelwyr hi
    Gymwynas[au] cymdeithion Owain.

55. Yr aelwyd hon, a guddir gan *gegid*,
    Buasai hi'n fwy arferol ynddi hi [olau] pabwyr
    Gloyw, a chymdeithion cywir.

56. Yr aelwyd hon, a guddir gan dafol,
    Buasai hi'n fwy arferol, ar ei llawr hi,
    Fedd a meddwon yn eiriol.

57. Yr aelwyd hon, a gloddir gan fochyn,
    Buasai hi'n fwy arferol [cael yno] firi
    Gwŷr ac, o gwmpas cyrn-yfed, gyfeddach.

58. Yr aelwyd hon, a gloddir gan gywen,
    Ni arferasai angen ei phoeni hi
    Yn ystod bywydau Owain ac Urien.

59. Y piler hwn, a 'nacw draw,
    Buasai'n fwy arferol amdano fo
    Firi llu a ffordd i roddi.

CANU HELEDD

(Adran XI ydyw'r un a ganlyn yn argraffiad IW. JR: t.429 ymlaen.
Y mae Jenny Rowland yn ystyried Englyn 1 fel Prolog i'r gyfres englynion sy'n
dilyn, gan ddechrau honno efo Englyn 2.)

CYNDDYLAN [teitl y gyfres gyfan gan IW]

PROLOG [JR]

1. Sefwch allan, forynion, a syllwch
   Ar wlad Cynddylan.
   Mae llys Penwgern yn wenfflam –
   Gwae yr ifanc sy'n dymuno cael *clogyn*.

MARWNAD CYNDDYLAN [JR]

2. Un pren mewn coed a gofid arno –
   Eithriad fydd hi os dihengith o:
   A fynno Duw – fe ddigwydd hynny.

3. Cynddylan, galon iâ y gaeaf,
   A wanodd dwrch trwy ei ben:
   Yn ddrud y telaist ti am gwrw Trenn.

4. Cynddylan, galon goddaith gwanwyn;
   [goddaith = tanio, creithio]
   Rhodd [oeddet ti] i rai o'r un iaith
   Yn amddiffyn Trenn, tref ddiffaith.

5. Cynddylan, biler disglair gwlad y goror,
   Gwisgwr cadwyn, un cyndyn mewn cad;
   Amddiffynasai o Drenn, tref ei dad.

6. Cynddylan, ddisglair ei feddwl [a] doeth,
   Gwisgwr cadwyn, un cyndyn y llu;
   Amddiffynasai o Drenn hyd tra fu.

7. Cynddylan, galon milgi,
   Pan ymosodai o yng nghyffro
   Cad, fe greai o gelanedd.

8. Cynddylan, galon hebog,
   Aderyn ysglyfaethus, [un] ffyddlon, cynddeiriog;
   Cenau Cyndrwyn, [un tra] chyndyn.

9. Cynddylan, galon baedd gwyllt;
   Pan ymosodai o ym mhrif gyrch
   Brwydyr, byddai celanedd yn ddeudrwch!

10. Cynddylan, milwr fel Culhwch, llew,
    Blaidd-ddilyn ymosodwr:
    Ni ddychwel y baedd i dref ei dad.

11. Cynddylan, *hyd tra'i gadawyd, a yrrai*
    Ymaith y gelyn. Mor llawen [*d.* galon]
    Ganddo – fel ei gwrw – y gad.

12. Cynddylan Powys, gwych yn dy borffor,
    Cell i ymwelwyr, un yn byw fel arglwydd.
    Cenau Cyndrwyn, galerir amdano.

13. Cynddylan Wynn fab Cyndrwyn;
    Nid da iddo wisgo barf am ei drwyn
    Ŵr nad ydyw'n well na morwyn.

14. Cynddylan, un rhyfelgar wyt ti,
    Dy fwriad di yw na fyddi di'n llwyd. [llwyd = hen]
    O gwmpas Trebwll roedd dy darian di'n dyllog.

15. Cynddylan, caea di y rhiw
    Lle y daw gwŷr Lloegyr heddiw:
    Gofal am un dyn nid yw hynny o fudd.

16. Cynddylan, caea di y fan
    Lle y daw gwŷr Lloegyr trwy Drenn:
    Ni elwir hynny'n 'goed' nad yw ond un pren.

[Gosodir yr englyn a ganlyn ar wahân gan JR]
17. Mor druenus gan fy nghalon i
    Gysylltu i ystyllod du, wyn gnawd
    Cynddylan, pennaeth canllu.

STAFELL GYNDDYLAN

18. Stafell Gynddylan, ys tywyll heno,
    Heb dân, heb wely:
    Wylaf dro, tawaf wedyn.

19. Stafell Gynddylan, ys tywyll heno,
    Heb dân, heb gannwyll:
    Ar wahân i Dduw, pwy a'm ceidw'n llawn bwyll?

20. Stafell Gynddylan, ys tywyll heno,
    Heb dân [a] heb olau:
    Hiraeth a ddaw imi amdanat.

21. Stafell Gynddylan, ys tywyll ei tho,
    Ar ôl y deg gymdeithas:
    Gwae'r sawl ni wna'r da a ddaw iddo.

22. Stafell Gynddylan, aethost ti yn ddi-raen,
    Mewn bedd y mae dy darian;
    Hyd tra fu o, ni fu dy ddrws di yn ddrylliedig.

23. Stafell Gynddylan sy wedi ei gadael heno
    Ar ôl y sawl oedd biau hi:
    A! angau, pam mae o'n fy ngadael i?

24. Stafell Gynddylan, nid yw'n esmwyth heno
    Ar ben craig gadarn
    Heb arglwydd, heb fyddin, heb amddiffyn.

25. Stafell Gynddylan, ys tywyll heno,
    Heb dân, heb ganeuon:
    Mae dagrau yn treulio fy ngruddiau.

26. Stafell Gynddylan, ys tywyll heno,
    Heb dân, heb lu'r tŷ:
    Hidl fy nagrau [yma], lle y cwympa.

27. Stafell Gynddylan, mae'n fy ngwanu i'w gweled
    Heb do [a] heb dân:
    Fy arglwydd yn farw, minnau'n fyw fy hunan.

28. Stafell Gynddylan sy'n ddiffaith heno
    Ar ôl y milwyr dibynadwy:
    Elfan, Cynddylan, Caeog.

29. Stafell Gynddylan sy'n oer a thrist heno
    Ar ôl y parch a fu imi,
    Heb y gwŷr, heb y gwragedd a'i cadwai.

30. Stafell Gynddylan sy'n dawel [iawn] heno
    Wedi colli ei harglwydd:
    Y mawr drugarog Dduw, pa beth a wnaf?

31. Stafell Gynddylan, ys tywyll ei tho
    Ar ôl i ryfelwyr Lloegyr ddifa
    Cynddylan, ac Elfan Powys.

32. Stafell Gynddylan, ys tywyll heno
    [Ar ôl] plant Cyndrwyn:
    Cynon, a Gwion, a Gwyn.

33. Stafell Gynddylan – mae'n fy ngwanu i bob awr
    Wedi'r mawr ymgynnull a'r ymddiddan
    A welais o gwmpas dy bentan

ERYR ELI

34. Eryr Eli, uchel ei gri heno.
    Yfasai efô ddiod o waed,
    Gwaed calon Cynddylan Wynn.

35. Eryr Eli, galwai o'n uchel heno;
    Yng ngwaed gwŷr fe ymdrybaeddai:
    Efô yn y coed, hiraeth trwm arnaf fi.

36. Eryr Eli a glywaf fi heno.
    Gwaedlyd ydyw; 'ddyffeiaf fi mohono:
    Efô yn y coed, hiraeth trwm arnaf fi.

37. Eryr Eli, mor drist ydyw, heno,
    Ddyffryn canmoladwy Meisir!
    O! dir Brochfael, yn hir y cefaist dy ddarfu.

38. Eryr Eli, gwarchoda y moroedd,
    Ni threiddia pysgod i'r aberoedd;
    Galwa, gwledda ar waed gwŷr.

39. Eryr Eli, fe deithia trwy'r coed heno;
    Gwledda fo lond ei gylla:
    Pwy bynnag a'i maldoda, fe lwydda ei draha.

ERYR PENGWERN

40. Eryr Pengwern, llwyd ei grib heno,
    Uchel iawn yw ei sgrech;
    Gwancus am gnawd a gerais.

41. Eryr Pengwern, llwyd ei grib heno,
    Uchel iawn yw ei *sgrechian*;
    Gwancus am gnawd Cynddylan.

42. Eryr Pengwern, llwyd ei grib heno;
    Uchel iawn yw ei grafanc;
    Gwancus am gnawd a garaf.

43. Eryr Pengwern, hir y geilw heno;
    Ar waed gwŷr y gwledda:
    Fe elwir Trenn yn dref ddrwg ei ffawd.

44. Eryr Pengwern, hir y geilw heno;
    Ar waed gwŷr y gwledda:
    Fe *elwid* Trenn yn dref lewyrchus.

EGLWYSAU BASA
('Baschurch' heddiw)

45. Eglwysau Basa yw ei orffwysfa heno,
    Ei ddiwethaf orweddfa,
    Piler brwydyr, [a] chalon gwŷr Argoed.

46. Eglwysau Basa, brau [iawn] ydynt heno –
    Fy nhafod i a barodd hyn:
    Rhudd ydynt hwy, rhy fawr yw fy hiraeth.

47. Eglwysau Basa, maent yn gyfyng heno
    I etifedd Cyndrwynyn:
    Dyma dir bedd Cynddylan Wynn.

48. Eglwysau Basa, maent yn *fraenar* heno
    Gan mor waedlyd yw ei meillion:
    Rhudd ydynt hwy, rhy fawr yw [teimladau] fy nghalon.

49. Eglwysau Basa, collasant eu braint
    Ar ôl i filwyr Lloegyr ddifa
    Cynddylan, ac Elfan Powys.

50. Eglwysau Basa sy wedi eu difa heno;
    Nid ydyw eu milwyr mwyach –
    Gwŷr a ŵyr! – a minnau yma.

51. Eglwysau Basa, y maent yn farwor heno,
    A minnau yn drist:
    Rhudd ydynt hwy, rhy fawr yw fy ngalar.

Y DREF WEN
(Efallai o gwmpas Whittington)

52. Y dref wen ym mron y coed:
    Yr hyn ydyw ei harfer erioed –
    Ar wyneb ei gwellt, ei gwaed.

53. Y dref wen yn ei bro:
    Ei harfer hi ydyw *glas feddau*,
    Ei gwaed o dan draed ei gwŷr.

54. Y dref wen yn y dyffryn:
    Llawen fyddai y brain gyda dryswch y gad:
    [*d*. Llawen byddai y brain wrth gyfamrudd cad]
    Ei phobol 'ddarfuasant.

55. Y dref wen rhwng Trenn a Throdwydd:
    Mwy arferol oedd tarian dyllog yn dod o frwydyr
    Nag ych mewn lle i orffwyso.

56. Y dref wen rhwg Trenn a Thrafal:
    Mwy arferol oedd ei gwaed ar wyneb ei gwellt
    Nag aredig braenar.

FFREUER
(Un o chwiorydd Heledd)

57. Gwyn ei byd hi, Ffreuer: mor boenus yw hi heno
    Wedi colli teulu.
    Trwy anffawd fy nhafod y'u lladdwyd.

58. Gwyn ei byd hi, Ffreuer: mor wan yw hi heno
    [Arnom ni] wedi angau Elfan,
    Ac eryr Cyndrwyn, Cynddylan.

59. Nid angau Ffreuer sy'n fy mhoeni i heno:
    Oherwydd lladdfa fy mrodyr
    Dihunaf, wylaf gyda'r bore.

60. Nid angau Ffreuer a bair imi boen
    O ddechrau nos hyd ddiwedd nos;
    Dihunaf, wylaf gyda thoriad y wawr.

61. Nid angau Ffreuer a'm harswyda i heno,
    A wna i mi gael gruddiau melyn,
    Ac [wylo] dagrau coch dros erchwyn gwely.

62. Nid angau Ffreuer a bair imi dristwch heno,
    Ond mi fy hun yn wan [a] chlaf;
    Am fy mrodyr a'm gwlad y galaraf.

63. Ffreuer Wenn, y brodyr a'th fagodd di,
    Ni ddeuent o blith y rhai diffaith,
    Rhyfelwyr na fagent ddim llwfrdra.

64. Ffreuer Wenn, bu i ti frodyr –
    Pan glywent hwy lu trefnus,
    Ni fyddai eu ffydd yn eu gadael.

65. Myfi, a Ffreuer, a Medlan:
    Er y gall fod yna frwydyr ym mhobman,
    Ni tharfa hynny arnom – ni leddir ein pobol ni.

BUGEILES LOM [IW]
HEL GWARTHEG [JR]

66. Y mynydd – er iddo fo fod yn uwch
    Ni oddefaf fi, yno, ddwyn fy muwch.
    Ysgafn yr ystyria rhai fy mantell.

AFONYDD

67. Yr un fath, ar oror,
    Yr â Trenn i Drydonwy
    Ag yr â Twrch i Farchnwy.

68. Yr un fath, yn y fro,
    Yr â Trydonwy i Drenn
    Ag yr â Geirw i Alwen.

NEWID BYD

69. Cyn bod fy nghwrlid i o groen caled gafr,
    [Un] chwannog am gelyn,
    Fe wnaeth medd Bryn fi yn feddw.

70. Cyn bod fy nghwrlid i o groen caled gafr,
    Y mynn hoff o gelyn,
    Fe wnaeth medd Trenn fi yn feddw.

71. Ar ôl fy mrodyr o ardal Hafren,
    Ac ar ddwylan Dwyryw,
    Gwae fi, Dduw, fy mod i'n fyw!

72. Ar ôl meirch hyfforddedig a dillad lliw coch
    A phlu mawr, melyn,
    Main ydyw fy nghoes, nid oes imi fantell.

GORWYNION

73. Gwartheg Edeyrnion ni fuont ar grwydyr,
    Ac i ffordd neb ni chrwydrasant
    Yn ystod bywyd Gorwynion, rhyfelwr awchus.

74. Gwartheg Edeyrnion ni fuont ar grwydyr,
    Ac i oror[au] neb ni chrwydrasant
    Yn ystod bywyd Gorwynion, rhyfelwr doeth.

75. *Bugail gwartheg o werth, hael, dinacâd –*
    O ddod iddo ormod, gwarth a ddaw iddo.
    Mi a wyddwn beth ydoedd yn dda:
    [Bod rhai o] berthynas gwaed, o wrda, [yn arw] am ei gilydd.

GYRTHMWL

76. Pe bai Gyrthmwl yn wraig byddai heddiw yn wan,
    Byddai ei llefain hi'n uchel:
    Hi yn gyfan, a'i gwŷr wedi eu difa.

ERCAL

77. Tywarchen Ercal sydd ar filwyr gwrol iawn
    O hil Morial:
    Ac wedi iddi eu magu, dyma hi yn eu malu.

HELEDD [IW]
HELEDD HWYEDIG [JR]

78. Heledd *ar gerdded* y'm gelwir.
    O Dduw! I bwy y rhoddir
    Meirch fy mrodyr a'u tir?

ADLAIS [yn ôl IW]
79. Heledd *ar gerdded* a'm cyfarcha i,
    'O Dduw! I bwy y rhoddir arfau tywyll
    Cynddylan, a'i bedwar march ar ddeg?'

GORSEDD ORWYNION [IW]
SYLLU (Teitl englyn 80 ac 81 gan JR)

80. Fe syllais i olygon ar dir heb ei drin
    O Orsedd Orwynion.
    Hir ydyw hynt yr haul: hwy ydyw fy nghofion.

DINLLEU FRECON [IW]

81. Fe syllais i olygon o Ddinlleu Frecon,
    Ar diriogaeth Ffreuer:
    Y mae hiraeth am ladd fy mrodyr.

[*Dernyn* IW a JR]
82. Marchog o Gaer /gaer/ [*a march gwyn*] *odano* –
    Nid ydoedd yn un araf –
    A Gwynion, gŵr o Sannair. [*gŵr Ffreuer*]

HELEDD [IW]
BRODYR HELEDD [JR]

83. Lladdwyd fy mrodyr ar yr un pryd:
    Cynan, Cynddylan, Cynwraith
    Yn amddiffyn Trenn, tref ddiffaith.

84. Ni sathrai tywysogion ar nyth Cynddylan,
    Ac ni chiliai yntau droedfedd fyth:
    Ni fagodd ei fam o fab gwantan.

85. Brodyr a fu imi *nad oedd 'na ball arnynt*,
    Rhai a dyfai fel gwiail coeden gyll:
    O un i un fe aethant hwy oll.

86. Brodyr a fu imi a ddug Duw oddi arnaf.
    Fy anffawd i a'i hachosodd.
    Ni phrynent hwy glod trwy dwyll.

HEDYN [teitl IW i'r tri englyn nesaf]
(EPIGRAM ydi deitl englyn 87 gan JR, a theitl englynion 88–89 ganddi hi ydi HEDYN.)

87. Tenau ydyw'r awel, trwm ydyw tristwch.
    Parha y cwysi,
    Ni pharha y rhai hynny a'u gwnaeth.
    Truan nad yw'n bod y rheini a fu.

88. Boed i Dduw ac i ddyn ei glywed,
    Boed i ieuainc a hen glywed:
    Cywilydd ar farfau am adael Hedyn.

89. Yn ystod bywyd Hedyn, fe ehedai,
    Yn llawen y goddefai ef frwydr[au],
    Gyda gwawyffyn llwyd arglwydd efe a gyffroai.

CARANFAEL [IW]
(GWÂL TWRCH ydi teitl englyn 90 gan JR, a CARANFAEL ymlaen o hwnnw.
IW sy'n awgrymu pwy ydi'r llefarwyr.)

90. Rhyfeddaf, *ddyn gwych, na ddaw*
    Yn ôl, y cydymaith celfydd, clyw –
    Yng ngwâl y baeddod, perchyll sydd yno yn torri cnau.
    [baedd mawr = hen filwyr; perchyll = milwyr ifainc yn
    gwneud gwaith ofer, fel torri cnau]

91. Ni wn i ai niwl ynteu mwg,
    Ynteu milwyr yn brwydro [sydd yma]:
    Ar y maes y mae brwydyr enbyd.

CENNAD
92. Gadewais i faes y frwydyr.
    Tarian lydan, dinas i gedyrn,
    Y gŵr gorau un – Caranfael.

HELEDD

93. Caranfael, mae'n galed arnat.
    Gwn i am dy natur di mewn brwydyr.
    Arferol ydyw craith ar wyneb rhyfelwr.

94. Un yn peri miri, un hael ei law,
    Mab Cynddylan, un yn gafael mewn clod; yr olaf un i gilio
    O deulu Cyndrwyn oedd Caranfael.

95. Y sawl oedd heb haeddiant, ac a oedd yn amddifad,
    A oedd wedi colli'i dreftadaeth – fe geisiodd o
    Gael Caranfael yn ynad.

96. Caranfael yn peri miri,
    Mab Cynddylan, a rannai glod; nid ynad
    Ydoedd, er mynnu iddo fod.

97. Pan wisgai Caranfael wisg ddur Cynddylan
    Ac ysgwyd ei waywffon onnen,
    Ni châi yr un ffranc dangnefedd o'i enau.
    [ffranc = milwr cyflog, neu Ffranc]

HELEDD A'I BRAWD CLAF

(IW sy'n awgrymu pwy ydi'r llefarwyr)

98. Yr adeg pan oeddwn i yn bwyta yn fras,
    Ni ddyrchafwn i fy morddwyd
    Er mwyn y gŵr a gwynai, yn glaf gan gornwydydd.

BRAWD

99. Brodyr a fu i minnau
    Na chwynai gan glefyd cornwydydd –
    Un oedd Elfan, Cynan dau.

HELEDD

100. Nid da y gwisga gŵr, na haedda hynny, ei wallt

[fel rhyfelwr]

Mewn dirfawr ymdaro:
Nid rhai yn nadu ydoedd fy mrodyr.

BRAWD

101. Oni bai am angau a dioddefaint mawr,
A gloes y gwaywffyn llwyd,
Ni fyddwn innau yn un sydd yn nadu.

BEDDAU MAES MAODDYN [IW]
BEDDAU [JR]

102. Maes Maoddyn – mae'r rhew'n ei orchuddio.
Oherwydd difa y da ei fwriad
Ar fedd Eirinfedd mae eira tew.

103. Carnedd bedd Elwyddan, y mae'r glaw yn ei gwlychu;
Maes Maoddyn oddi tani:
Haedda Cynon gael ei alaru.

TRENN

104. Pedwar brawd ar ddeg *enwog* fu imi,
Ac i bob un yr oedd penteulu:
Ni ŵyr Trenn am berchen iddi.

105. Pedwar brawd ar ddeg *enwog* fu imi,
A chan bob un *tywysog o nod yr oedd egni:*
Ni ŵyr Trenn am un gwir berchen.

106. Pedwar brawd ar ddeg ffyrnig a hardd
    A fu i mi o Gyndrwyn:
    Nid oes i Drenn un perchen teg.

CHWIORYDD HELEDD

107. Yn yr amser pan oeddynt hwy'n hardd
    Y cerid merched Cyndrwyn:
    Heledd, Gwladus, a Gwenddwyn.

108. Bu imi chwiorydd diddan –
    Fe'u collais hwy i gyd:
    Ffreuer, Medwyl, a Medlan.

109. Bu imi chwiorydd hefyd –
    Mi a'u collais hwy i gyd:
    Gwledyr, Meisyr, a Cheinfryd.

CYNDDYLAN A CHYNWRAITH

110. Lladdwyd Cynddylan, lladdwyd Cynwraith
    Yn amddiffyn Trenn, tref ddiffaith.
    Gwae fi, hir-ei-pharhad ydyw eu marwolaeth.

MAES COGWY

111. Gwelais i ar lawr Maes Cogwy
    Fyddinoedd, a gofid rhyfel –
    Cynddylan oedd y cynhorthwy.

LLEMENIG

112. Mae celyn /celain/ yn sychu wrth ochor y tân.
Pan glywaf fi dwrw trystfawr,
[Sŵn] llu Llemenig mab Mawan yw [hynny].

113. Arglwydd ar leithig, llurig mewn lle cyhoeddus,
Rhyfelgi ffyrnig, buddugol mewn brwydyr,
Cyneuwr fflam lachar ydyw Llemenig.

ENGLYNION CADWALLON

(AH-RGG: tt.34 – 41. JR: t.446 ymlaen)

1.   Cadwallon, cyn iddo fo gael ei *ddifodi*,
     A'u cyflawnodd, a'n *boddloni*,
     [Sef] pedair prif frwydyr ar ddeg o gwmpas Prydain fawr
                                                   a theg,
     A thrigain o wrthdrawiadau.

2.   Roedd gwersyll Cadwallon ar Gaint,
     Lloegyr ydoedd mewn helynt, [yn ôl] darogan yr adar –
     Un [ydoedd] â llaw i ryddhau ac i ollwng; dyna ydoedd
                                                 ei fraint.

3.   Roedd gwersyll Cadwallon ar Idon
     (Tristwch creulon i'w elynion!),
     Y llew yn ei lu yn erbyn Saeson.

4.   Roedd gwersyll Cadwallon glodfawr
     Ar gopa Digoll Fynydd;
     Am saith mis bu saith brwydyr bob dydd.

5.   Roedd gwersyll Cadwallon ar Hafren;
     Ac o'r tu draw i Ddygen
     Freiddin bu llosgi Meigen.

6.   Roedd gwersyll Cadwallon ar Wy;
     Ar ôl taith ar fôr caed trysorau
     A pharatoi brwydyr ar y goror[au].

7. Roedd gwersyll Cadwallon ar Ffynnon Fedwyr;
   Meithrinai haelioni gerbron milwyr.
   Dangosai Cynon yno'i gadernid.

8. Roedd gwersyll Cynddylan ar Daf,
   Yn lluosog y'i gwelaf
   [Lu rhyfel] y brenin grymus, yr arglwydd cadarn.

9. Roedd gwersyll Cadwallon ar Dawe,
   Roedd llaw y lladdwr yn yr adwy,
   Y mawr ei glod, [un] a geisiai gosbi.

10. Roedd gwersyll Cadwallon y tu hwnt i Gaer –
    Can byddin a chant o filwyr taer,
    Can brwydyr a gorchfygu can caer.

11. Roedd gwersyll Cadwallon ar Gywyn,
    A llaw luddedig ar ffrwyn,
    Gwŷr Lloegyr oedd yn aml eu cŵyn.

12. Y mae gwersyll Cadwallon heno
    Dros y tir yn ardal Penfro –
    Y mawr ei nawdd, anodd yw diengyd rhagddo.

13. Roedd gwersyll Cadwallon ar Deifi;
    Cymysgai gwaed a heli;
    Angerdd Gwynedd a daniai.

14. Roedd gwersyll Cadwallon ar afon Ddufydd;
    Digonai ef eryrod:
    Wedi brwydyr, celanedd sydd [yna] iddynt yn rhodd.

15. Roedd gwersyll Cadwallon, fy mrawd,
    Ar ucheldir bro Dunawd; [= Dunoding]
    Roedd ei lid o mewn rhyfel yn anwar.

16. Roedd gwersyll Cadwallon ar y môr;
    Roedd yn llew lluosog ei fyddin;
    Mewn llu mawr, cas iawn [oedd] ei ruthr.

17. Trwy gyngor estron a mynaich anghyfiawn
    Llifa dŵr o ffynnon;
    Truan ydyw'r dydd trist am Gadwallon.

18. Gwisgodd y coed orchudd hardd
    Yr haf; daw y frwydyr ar frys – dyna'r dynged:
    Boed i ni ddod [yno] ynghyd o gwmpas Elfed.